DIE GROßEN PHILOSOPHINNEN UND PHILOSOPHEN

Von Clive Gifford

Mit Illustrationen von Sam Kalda

Aus dem Englischen von Gabriele Würdinger

INSEL VERLAG

AN
ESSAY
CONCERNING
Human Understanding
In Four BOOKS
JOHN LOCKE
VOLUME I.

INHALT

WER WAREN DIE ERSTEN PHILOSOPHINNEN UND PHILOSOPHEN?

Philosophie ist das Streben nach Erkenntnis darüber, wie die Welt aufgebaut ist und welche Stellung der Mensch in ihr hat. Das Wort stammt aus dem Altgriechischen und setzt sich zusammen aus *philo* (Liebe) und *sophia* (Weisheit). In der Philosophie wird hinterfragt, was wir für selbstverständlich halten. Es geht um die großen Geheimnisse des Lebens – vom Grund, warum wir hier sind, bis zur Frage, wie wir wissen, ob etwas tatsächlich wahr ist.

Die Philosophie dreht sich scheinbar um abstrakte Theorien, doch hatte sie im Lauf der Geschichte enormen Einfluss auf das praktische Leben. Die frühe Philosophie konzentrierte sich auf die natürliche Welt, was zu der Entstehung der Naturwissenschaften und großen Fortschritten in der Mathematik führte. Philosophie wirkt sich auf die Lenkung und Organisation von Staaten, auf die Gesetze und die Art und Weise, wie Menschen behandelt werden, aus.

Philosophen finden nicht immer die Antworten auf ihre großen Fragen, doch hören sie nicht auf, nach Wahrheiten zu suchen. Jeder Mensch kann versuchen zu philosophieren, indem er der Welt und sich selbst mit Neugier begegnet, Fragen stellt und sich Mühe gibt, mögliche Antworten zu finden.

»Ein Leben ohne Prüfung ist nicht lebenswert.«
– Sokrates, griechischer Philosoph
(ca. 469 bis 399 v. Chr.)

DER BEGINN DER PHILOSOPHIE

Tausende Jahre lang wurden zur Klärung großer Fragen religiöse Ansichten, Mythen und Aberglaube herangezogen. Man nahm an, dass für das Aufgehen der Sonne, den Gang der Gestirne und den Jahreszeitenwechsel Götter, Geister oder geheimnisvolle Kräfte verantwortlich sind.

Ein paar besonders neugierige Menschen begannen sich zu fragen, ob es andere Erklärungen geben kann, die nicht auf Religion oder Aberglauben beruhen. Ist es möglich, dass die Beobachtung der Welt und logisches Denken über sie vielleicht neue, aufregende Antworten liefern?

Die Namen derjenigen, die sich erstmals auf diese Weise Gedanken über die Welt machten, kennen wir nicht. Die frühesten uns bekannten Philosophen stammen aus China, Indien und dem antiken Griechenland.

Frühe griechische Philosophen wie Thales von Milet (ca. 620–546 v. Chr.) forschten nicht nur nach natürlichen Ursachen für den Lauf der Welt, sondern brachten ihren Schülern auch eigenständiges Denken bei. Dies bedeutete, dass sie den Lehrenden widersprechen und eigene Ideen entwickeln konnten.

Zur damaligen Zeit war diese Art, die Dinge zu hinterfragen, revolutionär, doch heute ist sie eine der wichtigsten Methoden der Philosophie.

ÜBER DAS DENKEN NACHDENKEN

Anders als viele Wissenschaftler, führen Philosophen selten Experimente durch. Ihre Arbeit besteht hauptsächlich darin, nachzudenken, Fragen zu stellen und begründet zu urteilen.

Manchmal überlegen sie sich Situationen, um ihre Ideen zu prüfen. Einige Denker besprechen ihre Ideen lieber in Diskussionen mit anderen. Keine Person muss für sich allein philosophieren, da sie auf die Schriften und Ideen Hunderter kluger Philosophen zurückgreifen kann, die sich bereits vor ihr Gedanken gemacht haben.

Philosophen betrachten ein Problem oder ein Argument von allen Seiten und versuchen, die Wahrheit herauszufinden. Um eine Idee zu überprüfen, nutzen sie ihre Vorstellungskraft und versetzen sich in die Position und Gefühlslage ihres Gegenübers. Dabei untersuchen sie auch unangenehme Sichtweisen, die sie nicht teilen.

Die Beschäftigung mit Philosophie kann dir dabei helfen, unabhängig und klar zu denken. Sie kann deine Problemlösungskompetenz stärken und deine Urteilskraft über Informationen schärfen, auf deren Basis du Entscheidungen triffst. Vielleicht kannst du dank ihr auch deinen Schreibstil und deine Fähigkeit, frei zu sprechen, verbessern, um in einer Diskussion deine Sichtweise verständlich zu machen.

VIELE DISZIPLINEN

Philosophie ist ein großes Fachgebiet, das in verschiedene Bereiche unterteilt ist. Es gibt fünf Hauptdisziplinen:

- **Metaphysik**
  Die Untersuchung dessen, was existiert, was Wirklichkeit ist und bedeutet.
- **Erkenntnistheorie**
  Die Untersuchung, was Wissen eigentlich ist, wie wir lernen und wo die Grenzen unserer Erkenntnis liegen.
- **Ethik**
  Die Untersuchung menschlichen Verhaltens, moralischer Probleme und was es bedeutet, gut oder schlecht zu handeln.
- **Logik**
  Die Untersuchung guter Denkfähigkeit und Beweisführung, oft angewendet, um andere philosophische Themen zu erforschen.
- **Ästhetik**
  Die Untersuchung der Natur von Kunst und Schönheit und der Verbindungen zwischen ihnen.

Thales von Milet unterrichtete viele Schüler. Er glaubte, dass alles seinen Ursprung im Wasser hat. Sein Schüler Anaximander war anderer Meinung und ging davon aus, dass alles aus einem geheimnisvollen Urstoff entstanden ist.

ERLEUCHTUNG

Der Legende nach saß vor etwa 2500 Jahren ein indischer Adliger namens Siddhartha Gautama unter einem Feigenbaum, wo er 49 Tage lang meditierte. Er wollte herausfinden, wie man Glück im Leben finden kann. Gautama dachte über das menschliche Leid *(dukha)* nach, dem er begegnet war. Er schlussfolgerte, dass der Mensch Leid nicht immer verhindern kann, aber bestimmen kann, wie er damit umgeht. Dieser Moment wird *bodhi* (Erleuchtung) genannt. Von da an war Gautama als Buddha (der Erleuchtete oder Erwachte) bekannt.

WER WAR BUDDHA?

Siddhartha Gautama wurde in eine reiche Adelsfamilie im heutigen Nepal geboren. Als Nachkomme einer der regierenden Familien verbrachte er seine Kindheit innerhalb der Mauern des königlichen Wohnsitzes. Erst als junger Mann erlebte er zum ersten Mal das Leben außerhalb des Palasts. Die Armut, der Tod, die Krankheiten und das allgegenwärtige Leid, das er dort sah, schockierten ihn. Gautama beschloss, einen Weg aus diesem Leid zu finden und wurde ein *sramana* (Wandermönch). Während er durch Indien reiste, versuchte er vergeblich, andere für sein Vorhaben zu gewinnen, bis er unter dem Feigenbaum meditierte. Nach seiner Erleuchtung reiste er für den Rest seines Lebens umher und teilte sein Wissen mit anderen. Als er mit 80 Jahren starb, hatte er tausende Anhänger.

DER BUDDHISMUS

Die Ideen Buddhas wurden jahrhundertelang mündlich überliefert, bevor sie aufgeschrieben wurden. Es bildete sich der Buddhismus heraus, eine auf Buddhas Lehre beruhende Bewegung, die sich in mehrere Richtungen, sogenannte Schulen, aufgliedert.

Der indische Herrscher Ashoka (304–232 v. Chr.) förderte den Buddhismus und sandte Mönche über die Landesgrenze, um die buddhistische Lehre mit anderen zu teilen. Etwa 550 n. Chr. hatte sich der Buddhismus in nahezu ganz Südostasien verbreitet, war nach China vorgedrungen und hatte Korea und Japan erreicht.

Heute sind etwa 500 Millionen Menschen Buddhisten. Die Hälfte von ihnen lebt in China. Viele weitere Millionen Menschen praktizieren buddhistische Lehren, wie etwa die Meditation und Achtsamkeit.

DER EDLE ACHTFACHE PFAD

Die acht Gebote stellen die Speichen eines Rades dar, *dharmachakra* genannt. Befolgt ein Mensch diese Leitsätze, ist es ihm möglich, den »Mittleren Weg« zwischen Überfluss und Enthaltung zu wählen.

RECHTE ANSCHAUUNG
Die Lehren Buddhas verstehen

RECHTE GESINNUNG
Sich verpflichten, den Pfad zur Erleuchtung zu gehen

RECHTES REDEN
Weisheit anbieten, nicht lügen oder andere mit Worten verletzen

RECHTES HANDELN
Sich für das Wohl anderer einsetzen

RECHTER LEBENSUNTERHALT
Eine Arbeit tun, die anderen hilft und ihnen nicht schadet

RECHTES STREBEN
Entschlossen bleiben und dem Bösen widerstehen

RECHTES ÜBERDENKEN
Meditieren

RECHTES SICHVERSENKEN
Sich seiner selbst und der Gefühle anderer bewusst sein

DIE VIER EDLEN WAHRHEITEN

Ähnlich wie ein Arzt einen Patienten untersucht, bot Buddha Diagnose, Ursache, Heilmittel und Rezept, um zur Erleuchtung zu gelangen. Diese vier Prinzipien sind als die edlen Wahrheiten bekannt.

- **Diagnose:**
  Leiden ist unvermeidlich und Teil des Lebens; im Lauf der Zeit können selbst Dinge, die Freude machen, vergehen, was zu Trauer führt.
- **Ursache:**
  Gier – das Verlangen nach Dingen, die nicht von Dauer sind – und die fehlende Akzeptanz, dass Dinge sich ändern und kommen und gehen.
- **Heilmittel:**
  Die Gier aufgeben und nicht zu sehr an weltlichem Besitz, Ideen, Orten oder Menschen hängen.
- **Rezept:**
  Sein Leben nach den Leitsätzen des edlen achtfachen Pfades ausrichten.

TUGEND

Kong Qiu (später bekannt als Kong Fu Zi, im Westen als Konfuzius) leistete mit seiner Lehre Pionierarbeit. Er erforschte, was es bedeutet, gut zu sein und ein tugendhaftes Leben zu führen. Zu Lebzeiten mag er etwa 3000 Schüler unterrichtet haben, doch seine Lehre beeinflusste noch viel mehr Menschen. Von seiner Weltanschauung abgeleitete Glaubenssätze, als Konfuzianismus bekannt, wurden im Kaiserreich China, besonders während der Han-, Tang- und Song-Dynastie, die offizielle Staatsdoktrin. Konfuzius' Ansichten über Lernen und Tugendhaftigkeit verbreiteten sich über Chinas Grenzen hinaus und hatten Einfluss auf fast ganz Ostasien.

WER WAR KONFUZIUS?

Die Aufzeichnungen sind lückenhaft, doch nimmt man an, dass Kong Qiu 551 v. Chr. im Staat Lu im Nordosten Chinas (heute Teil der Provinz Shandong) geboren wurde. Mit drei Jahren verlor Konfuzius seinen Vater und seine Familie war seitdem relativ arm. Doch er war ein unermüdlicher Schüler, der die sechs Kunstfertigkeiten des alten China erlernte: Kalligraphie, Wagenlenken, Bogenschießen, die Riten und Mathematik. Nachdem er in mehreren Berufen gearbeitet hatte, begann er mit dem Unterrichten und nahm einen kleinen Beamtenposten im Dienst des Staats Lu an. Etwa 500 v. Chr. stieg er zum Justizminister auf. Nach einem Streit mit der Regierung verließ Konfuzius Lu. Während seines 14 Jahre dauernden selbstgewählten Exils reiste er durch Song, Cai, Chen und viele andere Staaten und Königreiche Chinas und verbreitete seine Lehre. Mit etwa 60 Jahren kehrte er nach Lu zurück und unterrichtete weiter, bis er 479 v. Chr. starb.

»Was man mir nicht antun soll, will ich auch nicht anderen Menschen zufügen.«

»Dem Edlen geht es um innere Werte, der Gemeine hingegen ist auf Materielles aus.«

DIE GESPRÄCHE

Was wir über Konfuzius' Ideen wissen, stammt hauptsächlich aus den *Gesprächen* – einer Schrift, die wahrscheinlich von seinen Schülern und Anhängern vervollständigt wurde. Konfuzius kombinierte alte chinesische Traditionen, z. B. den respektvollen Umgang mit den Eltern, mit neuen Ansichten über Beziehungen zwischen Menschen und der Wichtigkeit von Lernen und Pflichten. Am wichtigsten war seine goldene Regel zur Behandlung von Mitmenschen.

DIE FÜNF GROSSEN TUGENDEN

Die berühmten fünf großen Tugenden basieren auf Konfuzius' Lehre. Jeder kann täglich an ihnen arbeiten, um ein besseres, tugendhafteres Leben zu führen: Zhi (Weisheit), Xin (Aufrichtigkeit), Ren (Menschlichkeit), Li (Sittlichkeit) und Yi (Rechtschaffenheit). In unserer heutigen Gesellschaft sind einige seiner Ansichten überholt, z. B. die zur Rolle von Ehemann und -frau.

MIT GUTEM BEISPIEL VORANGEHEN

Konfuzius war der Meinung, dass die Regierenden mit gutem Beispiel vorangehen sollen, indem sie sich gut benehmen und Höflichkeit und Respekt zeigen. Dies führe zu einer harmonischeren Gesellschaft, da die Menschen das gute Verhalten nachahmen. Die Beziehung zwischen einem Regierenden und den Menschen, über die er herrscht, war eine der fünf wichtigen Beziehungen, für die Konfuzius Verhaltensleitlinien aufstellte.

HERRSCHER UND STAATSDIENER

Ein Regierender soll großzügig und die Untertanen loyal sein.

EHEMANN UND EHEFRAU

Ehefrauen sollen verständnisvoll, Ehemänner schützend und gerecht sein.

ÄLTERES UND JÜNGERES KIND

Das ältere Kind soll sanftmütig, das jüngere respektvoll sein.

ELTERN UND KIND

Eltern sollen liebevoll sein und Kinder ihren Eltern mit Gehorsam und Respekt begegnen.

FREUND UND FREUND

Freunde sollen bei allem, was sie sagen und tun, wohlwollend, freundlich und zuverlässig sein.

KRIEG

Krieg gibt es schon, seit sich Menschen in Gruppen zusammenfinden und benachbarte Gemeinschaften als Feinde behandelten. Im Altertum gewann häufig die größere Armee oder die mit dem besseren Timing und mehr Glück. Nach Sun Tsu, einem chinesischen Militärstrategen, ist Krieg zu wichtig, um seinen Ausgang dem Schicksal zu überlassen. Er glaubte, dass jede Schlacht im Vorfeld viel Information und Planung erfordert. Er schrieb die erste umfassende Kriegsphilosophie, die bis heute Staatsoberhäupter und Generäle beeinflusst, vom Gründer des chinesischen Kaiserreichs, Qin Shi Huang, bis zu modernen Politikern und Konzernchefs.

»Die Kunst der Kriegsführung ist eine Frage von Leben und Tod, ein Weg, der in die Sicherheit mündet oder aber in den Untergang führen wird.«

WER WAR SUN TSU?

Über das Leben von Sun Tsu (Meister Sun) liegen uns nur wenige gesicherte Daten vor. Sein Geburtsjahr wird auf 545 v. Chr. datiert. Sun Tsu lebte in einer Periode, die in der chinesischen Geschichte als Zeit der Frühlings- und Herbstannalen bekannt ist. In dieser kriegerischen Zeit leistete Sun Tsu Kriegsdienst unter König Helü, der von 514 bis 496 v. Chr. das Königreich Wu regierte. Dann zog er sich zurück und schrieb sein einflussreiches Buch, *Die Kunst des Krieges*, das in 13 kurze Kapitel gegliedert ist. Er schenkte es dem König von Wu. Später wurde er zum Befehlshaber über die Armee von Wu ernannt, die den rivalisierenden Staat Chu zerstörte.

OHNE KAMPF GEWINNEN

Sun Tsu verherrlicht Krieg nicht und ist dafür, ihn möglichst zu vermeiden, weil Krieg auch für die Gewinnerseite hohe Kosten und Verluste bedeutet. Um zu verhindern, dass Menschen sterben, befürwortet *Die Kunst des Krieges* Diplomatie, das Eingehen von Allianzen mit rivalisierenden Gruppen oder das Verschieben einer Schlacht, bis der Gegner zu erschöpft und ängstlich ist, um weiterzukämpfen.

»So ist es denn nicht die höchste Meisterschaft, in allen Schlachten zu kämpfen und zu erobern; die höchste Meisterschaft aber ist es, des Feindes Widerstand zu brechen, ohne kämpfen zu müssen.«

SPIONAGE

Ein ganzes Kapitel des Buchs ist dem Einsatz von Spionen gewidmet, die Informationen über den Feind sammeln. Sun Tsu unterscheidet fünf verschiedene Spiontypen, darunter Menschen aus dem einfachen Volk, aber auch übergelaufene Spione, die ihre ehemaligen Herren auskundschaften. Dieser Typ von Spion kommt auch heute noch zum Einsatz und wird Doppelagent genannt.

KURZ- UND GUERILLAKRIEGE

Sun Tsu setzte sich meist zum Ziel, kurze Kriege zu führen, da er der Meinung war, dass langwierige Konflikte für Armeen und Königreiche sehr teuer sind. Er schlug vor, Kriegsgefangene gut zu behandeln und sie dazu zu bringen, die Seiten zu wechseln, um die eigene Armee zu verstärken. Sun Tsu gilt als Erfinder des Guerillakriegs, der seit Mitte des 20. Jahrhunderts verbreitet ist. Häufig bedeutet dies, Ortsansässige einzubeziehen, die die Umgebung gut kennen, um überraschend aus dem Hinterhalt angreifen zu können. Guerillas vermeiden einen offenen Kampf, da sie oft in der Unterzahl sind. Stattdessen schlagen sie plötzlich zu und verschwinden wieder.

TÄUSCHUNG

Ein weiterer wichtiger Bestandteil von Sun Tsus Strategie war, den Feind geschickt zu täuschen. Wenige Soldaten griffen eine Flanke (Seite) der feindlichen Armee an. Sobald der feindliche General zur Verstärkung mehr Soldaten an die attackierte Flanke geschickt hatte, griff die Haupttruppe die andere, schwächere Flanke an, in der nun weniger Soldaten kämpften.

WAHRHEIT

Ein Bildhauer und Soldat, der vor etwa 2400 Jahren im antiken Griechenland lebte, ist nach wie vor einer der bedeutendsten und berühmtesten Denker der westlichen Philosophie. Sokrates führte eine neue Methode der Wahrheitsfindung über uns selbst und die Welt ein. Sie beinhaltet, immer wieder Fragen über die Bedeutung von Dingen zu stellen, die wir oft als gegeben ansehen, z. B. Freundschaft oder Gerechtigkeit. Er hinterließ keine schriftlichen Werke. Was wir über ihn wissen, stammt hauptsächlich von griechischen Zeitgenossen, wie etwa seinem bekanntesten Schüler Platon oder dem Geschichtsschreiber Xenophon.

WER WAR SOKRATES?

Sokrates wurde etwa 470 v. Chr. im griechischen Stadtstaat Athen als Sohn eines Bildhauers und einer Hebamme geboren. Er machte zunächst eine Ausbildung im Beruf seines Vaters. Danach diente er als Hoplit (bewaffneter Fußsoldat) in der athenischen Armee und kämpfte vor und während des Peloponnesischen Kriegs gegen den rivalisierenden Staat Sparta. Er rettete dem athenischen General Alkibiades sogar das Leben. Zurück in Athen, beschäftigte er sich, nach einem kurzen Abstecher in die Politik, nur noch mit Philosophie. Reichtum, Ruhm und Macht interessierten ihn nicht, nur die Suche nach Wahrheit. Sokrates nutzte ganz Athen als Klassenzimmer und war meist auf dem zentralen Marktplatz *(Agora)* anzutreffen, wo er sich in schäbiger Kleidung mit Leuten unterhielt.

DIE SOKRATISCHE METHODE

Sokrates war der erste Philosoph, der darauf bestand, nichts einfach als selbstverständlich anzunehmen und alles zu hinterfragen. Selbst die Antwort auf eine Frage sollte hinterfragt werden.

Sokrates ging in Form von Dialogen vor. Er tat, als ob er nichts wüsste und stellte einer Person einfache, logische Fragen, etwa was sie unter Begriffen wie Gerechtigkeit oder Loyalität verstünde. Indem Sokrates immer weiter fragte, legte er die Mängel an ihrem Konzept offen. Er tat das nicht, um sein Gegenüber bloßzustellen, sondern um Wissen aufzudecken. Diese Technik ist als die sokratische oder dialektische Methode bekannt.

»Ich weiß, dass ich nicht weiß.«

Fragen an das Orakel

Die Menschen im antiken Griechenland befragten das Orakel, um seine Voraussagungen (Prophezeiungen) zu hören. Sokrates' Freund Chairephon befragte das bekannte Orakel von Delphi, wer in Athen weiser als Sokrates sei. Das Orakel antwortete: »Niemand.«

Sokrates prüfte diese Antwort nach seiner bewährten Methode und befragte die »weisesten« Menschen Athens, darunter Politiker oder Dichter. Sokrates fand heraus, dass sie alle beteuerten, etwas zu wissen, doch während seiner Befragung ins Schwanken gerieten. Sokrates kam zu dem Schluss, dass das Orakel recht hatte, da es ihm selbst zwar an Wissen mangelte, er aber weise genug war, um zuzugeben, dass er nicht wusste.

Der Tod des Sokrates

Mit seinen Fragen und offen geäußerten Ansichten gewann Sokrates Anhänger, machte sich aber auch Feinde, darunter mächtige Politiker. 399 v. Chr., im Alter von 70 Jahren, wurde Sokrates wegen Gottlosigkeit und weil er mit seinen Ansichten »die Jugend der Stadt verderbe« angeklagt. Vor 501 Athenern wurde er schuldig gesprochen und zum Tode verurteilt. Seine Freunde versuchten, ihn zur Flucht aus Athen zu überreden, um sein Leben zu retten. Aber Sokrates lehnte ab und starb, nachdem er ein Getränk mit Schierlingsgift aus einem Holzbecher getrunken hatte.

ERFÜLLUNG

Platon spielt in der antiken griechischen Philosophie eine besonders wichtige Rolle. Er schrieb nicht nur die Lehren seines Mentors Sokrates auf, sondern gründete auch eine neuartige Schule und verfasste eine der ersten politischen Philosophien. Vor allem beschäftigte ihn die Frage, wie die Menschen *Eudaimonia* (Erfüllung, Wohlbefinden) erreichen können. Er glaubte, dass dafür eine gute Erziehung und lebenslanges Lernen nötig sind. Der Mensch könne nur dann richtige Entscheidungen treffen und ein erfülltes Leben führen, wenn er durch Nachdenken und Wissen Kontrolle über seine Gefühle und Begierden habe.

WER WAR PLATON?

Platon wurde 428 v. Chr. geboren. Als Sohn eines Adligen sollte er eigentlich Politiker werden. Doch als er mit 20 Jahren Sokrates traf, erwies er sich schnell als ein herausragender Philosophieschüler.

Erschüttert vom Tod seines Lehrers, verließ Platon Athen und bereiste weite Teile des alten Griechenlands. Er besuchte Euklid, einen weiteren Schüler von Sokrates, in Megara und war in Kyrene (heutiges Lybien). In Syrakus (Sizilien) unterrichtete er den Schwager des damaligen Herrschers, entkam aber nur knapp der Sklaverei. Als Platon 387 v. Chr. nach Athen zurückkehrte, gründete er die Akademie. Dort lehrte er für den Rest seines Lebens, abgesehen von zwei weiteren Reisen nach Syrakus, wo er als politischer Berater tätig war. Beide Male wurde er Opfer politischer Intrigen und landete beinahe im Gefängnis.

»Denn gar sehr ist dies der Zustand eines Freundes der Weisheit, die Verwunderung; ja es gibt keinen andern Anfang der Philosophie als diesen.«

1 Die Akademie

Platon gründete die erste westliche Philosophieschule. Männer und Frauen wie Xenokrates (später Leiter der Akademie) oder Axiothea von Phleius diskutierten dort ihre philosophischen Ideen. Speusippos, Platons Neffe, übernahm die Leitung, als Platon mit 80 Jahren starb. Die Akademie bestand weitere 250 Jahre, bis sie 86 v. Chr. vom römischen Feldherrn Lucius Cornelius Sulla zerstört wurde.

2 Dialoge

Platon verfasste mehr als 30 Dialoge (Gespräche zwischen zwei oder mehr Personen), um philosophische Ideen wie die Natur der Liebe *(Symposion)*, den Mut *(Laches)* oder die Erkenntnis *(Theaitetos)* zu untersuchen. Außerdem schrieb er Sokrates' Verteidigungsrede auf *(Apologie)*.

In seinem bekanntesten Werk, *Politeia*, denkt Platon über Demokratie nach und kommt zu dem Schluss, dass viele Menschen sich zu wenig Gedanken machen, bevor sie wählen. Daher ist Platon dafür, dass eine Gruppe von »Philosophenkönigen« die Führung übernimmt, die dank ihrer Vernunft gerecht regiert.

3 Das Höhlengleichnis

Nach Platon offenbart sich das Wahre in »Ideen«, vollkommenen, überzeitlichen Urbildern. Was der Mensch mit seinen Sinnen wahrnimmt, sind unvollkommene Abbilder dieser »Ideen«. Für Platon sind die Menschen wie Gefangene in einer Höhle. Sie sind gefesselt und können sich nicht umdrehen, um die Wahrheit (die Ideen) zu erkennen. Sie können nur an den Höhlenwänden vor sich die Schatten der Ideen sehen. Aufgabe der Philosophie sei es, den Verstand zu nutzen, um sich zu befreien und die Wahrheit zu erkennen.

GLÜCK

Nur wenige Menschen studierten so viele Themen, und nur wenigen gelangen dabei so viele Durchbrüche wie einem Philosophen, der vor etwa 2400 Jahren in Nordgriechenland geboren wurde. Der sehr neugierige und kluge Aristoteles schrieb über 200 Werke zu verschiedensten Themen wie Astronomie, Zoologie oder Glück. Nur wenige existieren heute noch. In seinem Buch *Nikomachische Ethik* beschreibt Aristoteles Glück nicht als ein flüchtiges Gefühl, sondern als das Ziel des Lebens. Seiner Ansicht nach wird der Mensch nicht glücklich geboren, sondern kann Glückseligkeit erreichen, indem er sich lebenslang tugendhaft verhält.

»So erweist sich denn offenbar die Glückseligkeit als abschließend und selbstgenügend, und darum als das Endziel für alle Gebiete menschlicher Tätigkeit.«

WER WAR ARISTOTELES?

Aristoteles sollte in die Fußstapfen seines Vaters Nikomachos, Leibarzt des makedonischen Königs Amyntas III., treten. Stattdessen studierte Aristoteles 20 Jahre lang an Platons Akademie in Athen. 343 v. Chr. begann er, den jungen Alexander den Großen zu unterrichten, der später das größte Reich der Antike errichten sollte. 335 v. Chr. kehrte Aristoteles nach Athen zurück und gründete seine eigene Schule, die *Lykeion*. Sie besaß eine große Bibliothek, und alle 10 Tage wählten die Schüler einen neuen Leiter. 323 v. Chr. herrschte in Athen eine feindselige Stimmung gegen die Makedonier. An den gewaltvollen Tod von Sokrates erinnert, sprach Aristoteles voll Angst: »Ich werde es den Athenern nicht erlauben, sich ein zweites Mal gegen die Philosophie zu versündigen.« Er flüchtete auf die Insel Euböa, wo er im Folgejahr starb.

1 Glück finden

Aristoteles glaubte, dass der Mensch wegen seiner Vernunftfähigkeit über den Tieren steht und dass jeder Mensch von Natur aus den Wunsch habe, zu lernen. Glück könne man nicht als Einzelperson, sondern nur durch ein gerechtes und moralisches Leben als Teil der Gesellschaft finden. Für ein rechtschaffenes Leben schlug Aristoteles die Idee des »Mittelwegs« vor: moralisches Verhalten zwischen den Extremen, z. B. lieber in Maßen zu essen, als zu hungern oder gierig zu schlingen.

2 Die Wahrheit umgibt uns

Aristoteles lernte viel von Platon, widersprach aber dessen Theorie von einer unsichtbaren, perfekten Ideenwelt. Nach Aristoteles kann ein Mensch mit seinen Sinnen die Wahrheit überall finden, indem er seine Umwelt genau beobachtet. Aristoteles untersuchte alles, vom Wetter bis zur Planetenbewegung. Er sezierte viele Lebewesen, um mehr über sie herauszufinden. Doch nicht alle seine Beobachtungen erwiesen sich als richtig. Er glaubte, dass sich die Sonne um die Erde dreht, Menschen mit ihren Herzen, nicht ihren Gehirnen denken und weibliche Tiere stets weniger Zähne als männliche haben.

3 Logisches Denken

Aristoteles führte eine neue Art des logischen Denkens ein, indem er Syllogismen nutzte. Zwei Aussagen (Prämissen) führen zu einer Schlussfolgerung (Konklusion). Wenn z. B. den Prämissen »Alle Menschen haben ein Herz« und »Sokrates ist ein Mensch« zugestimmt wird, ist die Konklusion »Sokrates hat ein Herz«. Dies mag selbstverständlich wirken, war aber damals bahnbrechend.

Aristoteles nutzte die Logik, um Lebewesen in seiner *Scala Naturae* (Stufenleiter der Natur) zu klassifizieren, einem System, das die Naturforschung über viele Jahrhunderte anwendete.

FREIER WILLE

Der Aufstieg des Christentums stellte die europäische Philosophie vor einige Probleme. Im antiken Griechenland glaubte man, dass alles erforscht werden kann, auch die Entstehung des Universums oder die Natur von Gut und Böse. Viele Christen aber lehnten es ab, ihre Religion oder Gott zu hinterfragen.

Augustinus war ein Christ, der sich dennoch sehr für Platon und die griechische Philosophie interessierte. Er untersuchte Fragen und Probleme der Religion auf philosophische Weise und trug so dazu bei, die Position des Christentums zu stärken. Heute gilt er als eine der wichtigsten Persönlichkeiten dieser Religion.

»Der freie Wille ist etwas, ohne das der Mensch nicht recht leben kann.«

WER WAR AUGUSTINUS?

Augustinus wurde 354 n. Chr. in Thagaste in der römischen Provinz Afrika (heute Algerien) geboren. Seine Mutter Monnica war Christin, sein Vater Patricius glaubte an die römischen Götter. Da Augustinus ein begabter Schüler war, wurde er zum Studium nach Karthago geschickt. Später zog er nach Rom und Mailand, wo er Rhetorik (Redekunst) lehrte. In Mailand hörte er die Vorträge des christlichen Bischofs Ambrosius. Er wechselte zum christlichen Glauben über, wurde 387 n. Chr. getauft und kehrte nach Afrika zurück. Dort wurde er Priester und schließlich Bischof der Stadt Hippo. Augustinus starb 430 n. Chr. und wurde 1298 n. Chr. von der katholischen Kirche heiliggesprochen.

1 Das Problem des Bösen

Mit dem Konzept des Bösen beschäftigte sich Augustinus besonders intensiv. Als Gottgläubiger fragte er sich, wie es unter einem allmächtigen, guten Gott das Böse auf der Welt geben kann. Wenn Gott alles erschaffen hat, hat er dann folglich auch das Böse erschaffen? Augustinus war der Meinung, dass das Böse nicht von Gott kommt. Er kam zu dem Schluss, dass das Böse an sich nicht existiert, sondern nur die Abwesenheit des Guten oder der Mangel an ihm ist.

Alles, was Gott erschaffen hat, ist gut.

Das Böse ist nicht gut.

Also hat Gott das Böse nicht erschaffen.

Es gibt aber doch Böses in der Welt.

Das Böse gibt es nicht an sich, sondern nur als Mangel an Gutem.

2 Freier Wille

Nach Augustinus wurde der Mensch von Gott mit der Fähigkeit ausgestattet, eigenständig zu denken. Gott habe ihm also einen freien Willen gegeben, wodurch der Mensch seine Entscheidungen selbst treffen kann. Dies führte dazu, dass Menschen sowohl gute als auch schlechte Entscheidungen trafen, z. B. Adam, der laut der Bibel gegen das Verbot Gottes verstieß und die Frucht vom Baum der Erkenntnis aß. Doch es ist aus Sicht von Augustinus ohne freien Willen nicht möglich, sich bewusst für ein gutes Leben zu entscheiden.

3 Zwei Welten

Augustinus verfasste mehr als 90 Bücher auf Latein sowie hunderte Briefe und Predigten, insgesamt über 1,5 Millionen Wörter. In einem seiner bekanntesten Werke, *Vom Gottesstaat*, verteidigt er das Christentum gegen den Vorwurf, es habe den Untergang des Römischen Reichs verursacht. In Anlehnung an Platons »Ideen« (siehe S. 14/15) argumentierte Augustinus, dass Städte, Königreiche und Imperien nur schwache Abbilder des Reichs Gottes seien, das allmächtig, vollkommen und ewig sei.

4 Unter Belagerung

Im Jahr 429 fielen die Vandalen (germanisches Volk) in Nordafrika ein und belagerten Hippo. Nachdem Augustinus monatelang in der Stadt festgesessen hatte, wurde er krank und starb, noch bevor die Vandalen die Stadt einnahmen. Augustinus' Schriften konnten gerettet werden und beeinflussten viele Generationen von christlichen Oberhäuptern. Einige machten sich seine Ideen zu Nutze, um die Kirche über Könige und die Regierungen zu stellen, was das Christentum zu einer mächtigen Institution machte.

ORDNUNGSPRINZIP

Zhu Xi modernisierte die 1600 Jahre alten Lehren von Konfuzius, indem er neue Gedanken und Ansichten, vor allem aus dem Buddhismus, einbezog. Er gehörte einer Gruppe von Denkern an, die die Vorstellungen des Konfuzianismus wiederbelebten und erneuerten. Sie begründeten den Neokonfuzianismus, der während der Song-Dynastie und danach zur wichtigsten Philosophie Chinas wurde. Teil der Philosophie war die Idee von *Li* (Ordnungsprinzip). Zhu Xi glaubte, dass *Li* das »Grundmuster« des Universums ist. *Li* beschreibt sowohl die Ordnung der Dinge in der materiellen Welt als auch die moralischen Prinzipien.

WER WAR ZHU XI?

Zhu Xi wurde 1130 n. Chr. in Youxi (heute Provinz Fujian) geboren. Er galt als Wunderkind. Schon mit fünf Jahren stellte er Fragen wie »Was ist jenseits des Himmels?«, und mit acht las er das *Xiaojing*, einen klassischen Text des Konfuzianismus. Noch als Teenager bestand er die extrem schwierige chinesische Beamtenprüfung. Die meisten Prüflinge meisterten sie, wenn überhaupt, nicht vor ihrem 30. Lebensjahr. Zhu Xi sollte eine klassische Beamtenkarriere hinlegen, schrieb aber mehr über Philosophie als über Staatsführung. Er blieb nur knapp 10 Jahre im Staatsdienst, wahrscheinlich, weil er das korrupte oder unangemessene Verhalten anderer Beamter kritisierte. Obwohl er am kaiserlichen Hof in Ungnade gefallen war, nahmen im Jahr 1200 über 1000 Menschen an seinem Begräbnis teil.

LI UND *QI*

Laut Zhu Xi ist *Li* die zugrundeliegende Logik der Dinge, wie sie geordnet sind und funktionieren. *Li* existiere nicht allein. Es werde immer von *Qi* begleitet, der materiellen oder vitalen Kraft. Zusammen verliehen sie Objekten ihre Form, Energie und Bedeutung. *Li* gebe Personen ihre menschliche Natur *(xing)*, die Zhu für grundsätzlich gut hielt. Seinen individuellen Charakter erhalte der Mensch durch verschiedene Formen des *Qi*. Einige Formen des *Qi* bewirkten Selbstsucht oder Gier. Laut Zhu hilft Bildung und Lernen dem Menschen, sein *Li* und damit seinen guten Charakter beizubehalten.

»Die menschliche Natur ist zunächst immer gut; die Unterschiede in der Art des Guten und des Schlechten unter den Menschen sind die Auswirkungen von Qi und Übung«

AKADEMIE DER WEISSEN-HIRSCH-GROTTE

Während seiner Zeit als Präfekt von Nangkang befahl Zhu Xi den Wiederaufbau der verfallenen Akademie zur Weißen-Hirsch-Grotte. 1180 wurde sie wiedereröffnet. Zhu Xi hatte einen neuen Lehrplan und neue Regeln erstellt und hielt manchmal selbst Vorlesungen. Diese Schule ist eine der »Vier Großen Akademien« des alten China und diente anderen Schulen in China als Vorbild.

VERBREITUNG SEINER GEDANKEN

Zhu Xi produzierte mehr als 600 Schriftrollen, darunter ein Buch über richtiges Verhalten mit dem Titel *Jia Li (Die Familiennormen der Familie Zhu)* sowie über 1400 Gedichte. Er verfasste Kommentare zu den »Vier Büchern«, den wichtigsten Werken der konfuzianischen Lehre, zu denen auch die *Gespräche* des Konfuzius gehören. Da in China sowohl Papier als auch der Buchdruck erfunden wurden, konnten Zhu Xis Werke schnell verbreitet und von vielen Menschen gelesen werden. Dies trug dazu bei, dass sie den Konfuzianismus besser verstanden.

SPÄTE ANERKENNUNG

Neun Jahre nach Zhu Xis Tod erkannte Ningzong, Kaiser der Song-Dynastie, dessen Errungenschaften an. Er verlieh ihm den Titel Weng Gong (»erlauchter Ehrenmann der Kultur«). Der nächste Kaiser, Lizong, machte Zhu Xi zum Herzog von Hui. Zhu Xis Kommentare zu den »Vier Büchern« wurden Teil der überarbeiteten Beamtenprüfung in China. Doch vor allem wird die Wiederbelebung des Konfuzianismus in China, Japan und Korea als sein Verdienst betrachtet.

»Unser Geist wird eins mit dem Prinzip der Dinge werden. Dann wird es zur natürlichsten Sache, dem Guten zu folgen und das Böse zu meiden. Ein solcher allmählicher Prozess der Aneignung von essenziellem Wissen ist die ideale Methode des Lernens.«

GLAUBE

Thomas von Aquin kehrte seinem privilegierten Leben den Rücken und rebellierte gegen seine Familie, um seiner wahren Berufung als religiöser Denker zu folgen. Er wollte eine Brücke bauen zwischen dem religiösen Glauben und der Philosophie, insbesondere der des griechischen Denkers Aristoteles, dessen Schriften im mittelalterlichen Europa erst seit Kurzem wieder verfügbar waren. Viele meinten damals, dass im Christentum kein Platz für Philosophie sei. Doch Thomas war überzeugt, dass Philosophie, Vernunft und religiöses Wissen von Gott stammen und zusammen zu einem tieferen Verständnis der Welt beitragen.

WER WAR THOMAS VON AQUIN?

Thomas von Aquin wurde 1225 als jüngstes von neun Kindern auf dem Schloss Roccasecca in eine Adelsfamilie geboren. Mit fünf Jahren wurde er zur Ausbildung in ein Kloster geschickt, anschließend studierte er an der Universität Neapel. Dort las er Bücher, die an anderen Universitäten verboten waren, z. B. die von Aristoteles, und trat in den Orden der Dominikaner ein. Er reiste nach Köln und Paris, wo er beim Dominikaner Albertus Magnus studierte, der wegen seines breiten Wissens »doctor universalis« genannt wurde. Später unterrichtete Thomas in Klöstern und Universitäten in Frankreich und Italien. Er starb 1274 und wurde 1323 von Papst Johannes XXII. heiliggesprochen.

»Was aber Gegenstand des Glaubens ist, das ist nicht ungekannt; denn die Unwissenheit darin ist Ungläubigkeit.«

1 Entführt!

Als Thomas von Aquin als Jugendlicher in Neapel lebte, schloss er sich den Dominikanern an. In diesem Bettelorden waren Lernen und Studieren wichtiger als Reichtum und Macht. Die Mönche gingen auf die Straße, um den christlichen Glauben zu predigen und zu betteln. Thomas' Familie war entsetzt darüber und schickte seine Brüder, um ihn zu entführen. Über ein Jahr lang wurde er von seiner Familie gefangen gehalten in der Hoffnung, dass er seine Meinung ändern würde. Doch Thomas blieb standhaft. Schließlich ließ seine Mutter Theodora ein Fenster für ihn offen und half ihm damit zur Flucht zurück zu seinem Orden.

2 Glaube und Vernunft

Nach Thomas ist Glaube von Gott offenbarte Erkenntnis. Auch wenn der Mensch dieses Wissen nicht sehen oder sinnlich erfahren könne, müsse er es akzeptieren. Vernunft sei Erkenntnis, die man durch Nachdenken über sinnlich gewonnene Eindrücke gewinne. Thomas war der Meinung, dass die Vernunft des Menschen mit dem Alter größer wird. Im Christentum glaubt man, dass Gott alles auf der Welt erschaffen hat, auch alles, worüber der Mensch nachdenkt. Daher müssen laut Thomas beide Arten der Erkenntnis, Glaube und Vernunft, von Gott kommen. Dies bedeute, dass sie wahr sein müssen und dass eine Wahrheit nicht die andere ausschließe. Deshalb können laut Thomas Glaube und Vernunft harmonisch zusammen existieren.

3 Gottesbeweis

Thomas führte fünf komplexe Argumente an, die seiner Meinung nach mithilfe der Vernunft die Existenz Gottes beweisen. Im ersten untersucht er, wie sich Dinge auf der Welt dank eines ersten Bewegers bewegen. Verfolge man den Ablauf immer weiter zurück, gelange man zu etwas, das sich selbst nicht bewegt, aber alles andere in Bewegung versetzte. Thomas glaubte, dass dieser unbewegte Beweger Gott ist. Sein zweites Argument folgte einer ähnlichen Logik, beschäftigte sich aber mit der Ursache der Dinge. Nichts könne die Ursache seiner selbst sein, daher müsse alles das Ergebnis einer vorausgehenden Ursache sein. Im Rückgriff gelange man zur allerersten Ursache, die nach Thomas Gott ist.

4 Jähes Ende

Thomas von Aquin verfasste fast 60 große Werke, insgesamt über acht Millionen Wörter. Eines Tages, nachdem er in einer Kapelle in Neapel eine Vision hatte, hörte er plötzlich mit dem Schreiben auf. Sein umfassendes Werk *Summa Theologica* blieb unvollendet. Berichten zufolge sagte er: »Ich kann nicht mehr, denn was ich geschrieben habe, ist Spreu im Vergleich mit dem, was ich geschaut habe.« Dennoch wurden die *Summa Theologica* und seine anderen Werke handschriftlich vervielfältigt und an Universitäten und Bibliotheken in ganz Europa verteilt. Sie waren in christlichen Ländern jahrhundertelang die wichtigsten Bücher der Religionsphilosophie.

SEELE

Zhu Xis Kommentare (siehe S. 20) standen während der ersten Jahre der Ming-Dynastie auf dem Standardlehrplan in China. Jeder, der die Beamtenprüfung bestehen wollte, um eine Rolle im öffentlichen Leben zu spielen, musste sie studieren. Ein Schüler aber, der Staatsbeamter wurde und sich später Wang Yangming nannte, stellte Aspekte der Lehre Zhu Xis in Frage. Wang glaubte, dass vollendete Tugend, die beste aller Handlungsweisen, sich in der Seele eines jeden befindet und sich nicht, wie von Zhu behauptet, auf äußerliche Dinge und Situationen beschränkt.

WER WAR WANG YANGMING?

Wang Shouren wurde 1472 geboren. Sein Vater Hua hatte die schwierige chinesische Beamtenprüfung bestanden und große Hoffnungen in seinen Sohn. Doch Wang fiel zwei Mal durch die Prüfung, bevor er mit 28 Jahren Beamter wurde. Während seiner von Hochs und Tiefs geprägten Karriere hatte er verschiedene Posten inne. Er verbrachte mehrere Monate im Gefängnis und bekam eine Prügelstrafe wegen Beleidigung eines hohen Staatsbeamten. Anfang des 16. Jahrhunderts verbrachte Wang mehrere Jahre in der Yangming-Höhle am Fuß des Bergs Kuaiji, um sich von einer Krankheit zu erholen und über Philosophie nachzudenken. Um der Yangming-Höhle zu gedenken, wo er sehr viel gelernt hatte, änderte er seinen Namen. Er kehrte in den Staatsdienst zurück, entwickelte aber auch seine Theorien zum Neokonfuzianismus weiter, die als die »Schule des Denkens« in China und Japan bekannt wurden.

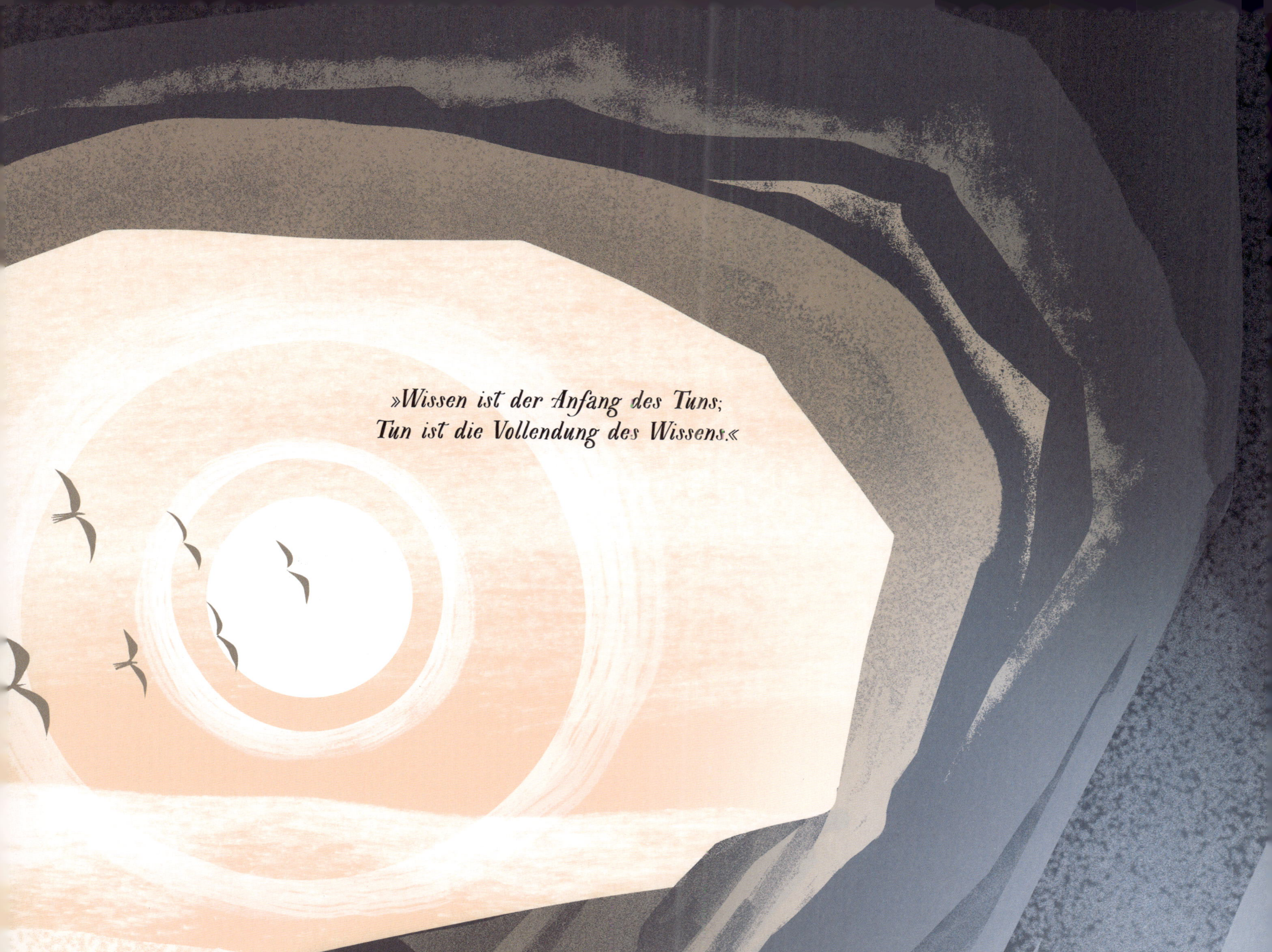

*»Wissen ist der Anfang des Tuns;
Tun ist die Vollendung des Wissens.«*

EINHEIT VON WISSEN UND HANDELN

Wang schrieb in seinem bekanntesten Werk, *Chuanxilu (Instruktionen für das praktische Leben)*: »Wissen ohne Tun ist Unwissen.« Damit meinte er, dass Wissen und Handeln Teil ein und derselben Sache sind und dass Wissen unvollständig ist, solange es nicht praktisch umgesetzt wird. Manchmal weiß man zwar, was zu tun richtig wäre, aber auch danach zu handeln, fällt oft schwer, zum Beispiel sich zu entschuldigen, wenn man jemanden verärgert hat. Aber Wissen, das nicht zu Handlungen führe, ist Wang zufolge bedeutungslos.

GOUVERNEUR UND GENERAL

Nachdem Wangs Philosophie viele Anhänger gefunden hatte, wurde er Ende 1510 zum Gouverneur der Provinz Jiangxi ernannt. Er gründete neue Schulen, reformierte Gesetze und führte als Feldherr Kriege an. 1519 schlug er den Aufstand des Prinzen von Ning nieder, der den chinesischen Kaiser Zhengde stürzen wollte. Als Belohnung wurde Wang zum Kriegsminister ernannt und erhielt den Titel »Graf von Xinjiang«. Wang führte weitere Schlachten an, erkrankte aber und starb 1529 auf dem Rückweg von einer Militäraktion in Guangxi.

WISSEN

Im 16. Jahrhundert fanden in Europa große Umbrüche statt. Mit der Erfindung des Buchdrucks konnte neues Wissen, etwa über das Erreichen bislang unbekannter Kontinente, weiterverbreitet werden. Ein englischer Politiker und Jurist namens Francis Bacon war einer der Ersten, die verstanden, wie Menschen Wissen nutzen konnten, um mit bahnbrechenden Erfindungen Macht über die Natur auszuüben. Bacon entwickelte eine streng »wissenschaftliche Methode«, die anstatt theoretischer Argumente Beweise aus der Praxis heranzog. Sie erwies sich als äußerst einflussreich.

WER WAR SIR FRANCIS BACON?

Francis Bacon wurde 1561 in London geboren. Als Kind war er oft krank und wurde daher zu Hause unterrichtet, bis er 12 Jahre alt war. Anschließend besuchte er die Cambridge University. Bacon wurde Anwalt und als eines der jüngsten Mitglieder ins britische Unterhaus gewählt. Unter Queen Elizabeth I. zerschlugen sich seine Hoffnungen auf einen Aufstieg in der Politik, doch unter ihrem Nachfolger König Jakob I. wurde Bacon 1603 zum Ritter geschlagen. Er arbeitete als Regierungsberater und wurde 1618 zum Lordkanzler ernannt. Drei Jahre später verbüßte er wegen Bestechlichkeit eine kurze Gefängnisstrafe im Tower of London. Dies beendete seine politische Karriere. Sein restliches Leben verbrachte Bacon mit Schreiben und Experimentieren. Nach einem Experiment zur Konservierung von Frischfleisch (er stopfte ein Huhn mit Schnee) starb Bacon 1626 an einer Lungenentzündung.

»Denn auch das Wissen selbst ist eine Macht«

DIE IDOLE

In seinem Buch *Neues Organon* aus dem Jahr 1620 beschreibt Bacon Probleme, die eine präzise, objektive Wissensfindung verhindern. Er nannte diese Hindernisse »Idole« (Trugbilder) und teilte sie in vier Typen ein.

TRUGBILDER DES STAMMES

Sie entstehen durch typisch menschliche Eigenschaften, wie z. B. die Neigung zur Übertreibung oder zu voreiligen Schlüssen.

TRUGBILDER DER HÖHLE

Sie liegen im Individuum selbst, z. B. in persönlichen Vorlieben, Abneigungen oder Vorurteilen.

TRUGBILDER DES MARKTES

Irrtümer, die durch Sprache entstehen, weil die Zuordnung von Wort und Bedeutung falsch oder verwirrend ist.

TRUGBILDER DES THEATERS

Irrtümer, die durch überlieferte philosophische Lehren entstehen, die nicht mehr in Frage gestellt werden, und neue Ideen im Keim ersticken.

DIE WISSENSCHAFTLICHE METHODE

Bacons wissenschaftliche Methode beginnt nicht bei einer auf Logik oder Vernunft beruhenden Theorie, sondern damit, dass man Fragen stellt und große Mengen an Informationen (Daten) sammelt. Sie beinhaltet auch die Aufzeichnung der Ergebnisse von Experimenten und Beobachtungen. Laut Bacon lassen sich durch die Analyse der Daten Muster und Zusammenhänge erkennen, auf deren Basis eine Hypothese (unbewiesene Annahme) aufgestellt wird. Die Hypothese wird streng überprüft und nach erfolgreicher Beweisführung als wissenschaftliches Gesetz oder Prinzip veröffentlicht.

UNIVERSELLES WISSEN

Laut Bacon muss Wissen frei verfügbar sein, damit sich Wissenschaft und Gesellschaft weiterentwickeln können. Mit der Meinung, dass »Lesen einen ganzen Mann ergibt«, setzte sich Bacon für die Einrichtung von Bibliotheken ein und schlug die Einteilung von Büchern in drei Wissensgebiete vor: Geschichte, Dichtung und Philosophie. Er glaubte, dass diese Unterscheidung die drei Arten widerspiegelt, wie Information im Gehirn entsteht und verarbeitet wird: Erinnerung, Einbildungskraft und Verstand.

EINFLUSS AUF DIE WISSENSCHAFT

Bacon selbst machte wenige nennenswerte Entdeckungen, doch seine wissenschaftliche Methode ermöglichte entscheidende Durchbrüche in der Wissenschaft. Laut Bacon lässt sich seine Methode am besten anwenden, wenn Forschende in Gruppen zusammenarbeiten und ihre Daten miteinander teilen. Daher forderte er neue Hochschulen als Vorreiter in der wissenschaftlichen Forschung. Dies geschah erst nach Bacons Tod: 1660 wurde die Royal Society gegründet, und viele ihrer Gründungsmitglieder waren Wissenschaftler, die seinen Ideen anhingen.

VORSTELLUNGSKRAFT

Spätestens wenn der Geburtsort nach einem benannt wird, dann weiß man, dass man es in der Philosophie zu etwas gebracht hat. René Descartes wurde diese Ehre zuteil: Die Stadt La Haye en Touraine, wo er 1596 geboren wurde, heißt heute Descartes. Er war ein brillanter Mathematiker und Denker, machte große Entdeckungen in Geometrie und Physik (seine Naturgesetze inspirierten Newton zu seinen drei Gesetzen der Bewegung, die als Eckpfeiler der Physik gelten). Descartes wandte als Erster die philosophische Methode des Zweifels an. Er gilt als Vorreiter des Rationalismus und als erster moderner Philosoph.

WER WAR RENÉ DESCARTES?

Als Descartes ein Jahr alt war, starb seine Mutter. Sein Vater heiratete erneut, und Descartes wuchs bei der Großmutter auf. Da er als Kind oft krank war, blieb er meist bis 11 Uhr vormittags oder länger im Bett – eine Gewohnheit, die er als Erwachsener beibehielt. Nach seinem Juraexamen überraschte er mit der Entscheidung, der Armee des Feldherrn von Nassau und später der von Maximilian von Bayern beizutreten. Mehr als zehn Jahre lang reiste er durch Europa, bevor er in die heutigen Niederlande zog. Seine mathematischen und philosophischen Theorien machten ihn immer berühmter. 1649 wurde er eingeladen, Christina, Königin von Schweden, zu unterrichten. Sie bestand darauf, dass der Unterricht um fünf Uhr morgens begann. Die Kälte in Schweden setzte Descartes zu, und 1650 starb er an einer Lungenentzündung.

MATHE-MAESTRO

Laut Descartes ist Mathematik eine Disziplin, in der man nicht ständig zweifeln muss. Er trug zur Erfindung der analytischen Geometrie bei, in der geometrische Probleme mit Hilfe von Algebra gelöst werden. Descartes entwickelte das kartesische Koordinatensystem, ein Diagramm mit einer horizontalen x-Achse und einer vertikalen y-Achse, in das Punkte und Figuren eingezeichnet werden können. Fügt man eine dritte Achse, die z-Achse hinzu, können Punkte im Raum und dreidimensionale Objekte abgebildet und lokalisiert werden. Descartes' Entdeckungen werden heute in Mathematik, Technik und Computergrafik vielfältig angewandt.

ZWEIFEL

Descartes misstraute den eigenen Sinneswahrnehmungen. Sie seien unzuverlässig und könnten getäuscht werden. So gebe es optische Täuschungen, die das Hirn austricksen. Descartes entwickelte in seinen Büchern *Abhandlung über die Methode des richtigen Vernunftgebrauchs und der wissenschaftlichen Wahrheitsforschung* (1637) und den *Meditationen über die Grundlagen der Philosophie* (1641) eine skeptische Methode zu Wissensgewinnung. Ausgangspunkt seiner Philosophie ist der Zweifel. Es wird so lange gezweifelt, bis ein Ansatzpunkt gefunden wird, der nicht angezweifelt werden kann. So reduzierte er das, was er sicher wusste, auf eine einzige Aussage, die erste Gewissheit: *Cogito ergo sum* (Ich denke, also bin ich).

»Ich denke, also bin ich.«

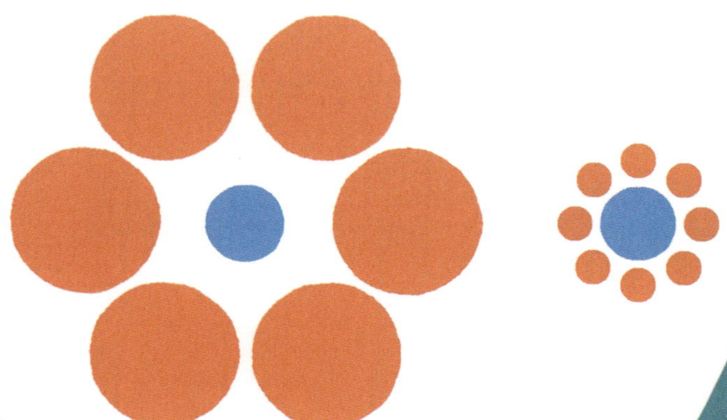

KÖRPER UND GEIST

Nach Descartes besteht der Mensch aus zwei völlig verschiedenen Substanzen: einem materiellen Körper, der Raum in Anspruch nimmt, und einem Geist, dessen einzige Eigenschaft seine Denkfähigkeit ist. Über diese Idee, Dualismus genannt, ist man sich in der Philosophie seither uneins. Im kartesischen Dualismus ist der Körper eine Art Maschine, die nach den Regeln der Physik funktioniert. Der Geist dagegen habe keine materielle Form und könne auch außerhalb des Körpers existieren.

RATIONALISMUS

Descartes lehnte seine Methode an die von Francis Bacon an und nutzte Zweifel und Vernunft, um Wissen zu gewinnen und es auf seine Richtigkeit zu prüfen. Diese Denkschule wird Rationalismus genannt und hatte in den folgenden Jahrhunderten großen Einfluss in Europa. Der Philosoph Gottfried Leibniz (siehe S. 32) ist auch als Rationalist bekannt.

AUFSTIEG UND FALL

Descartes gilt als Erfinder des kartesischen Tauchers - eines mit Flüssigkeit und Luft gefüllten Hohlkörpers –, der noch heute oft bei wissenschaftlichen Experimenten mit Kindern eingesetzt wird. Durch die unterschiedlichen Druckverhältnisse und die Auftriebskraft steigt der Taucher auf oder sinkt ab.

EMPIRISMUS

John Locke lebte in politisch turbulenten Zeiten in Großbritannien. Zeitweise wohnte der einflussreiche politische Denker auch in Frankreich und den Niederlanden. Er begründete eine Denkschule, den britischen Empirismus. Dieser glaubt, dass alles Wissen das Ergebnis von Erfahrungen ist, die durch die Sinneswahrnehmung gewonnen werden. Laut Locke wird jeder Mensch mit bestimmten Rechten geboren, die von allen zu respektieren sind. In einer von Religionskriegen geprägten Zeit plädierte er für die Toleranz gegenüber allen Menschen, unabhängig von ihrem Glauben.

WER WAR JOHN LOCKE?

John Locke wurde 1632 geboren und besuchte die Westminster School in London. Danach studierte er an der University of Oxford Medizin. Locke arbeitete als Privatsekretär und Leibarzt des Politikers Earl of Shaftesbury, dem er 1668 mit einer Leberoperation das Leben rettete. Als dieser wegen Umsturzplänen gegen König Charles II. angeklagt wurde, geriet auch Locke unter Verdacht und floh 1683 aufs europäische Festland. Bereits 1688 begleitete er die neue Königin von England, Mary II., zurück in die Heimat. Dort schloss er in kurzer Zeit viele seiner philosophischen Arbeiten ab und starb 1704.

»Niemandes Wissen kann hier über seine Erfahrung hinausgehen.«

TABULA RASA

In seinem bekanntesten Werk, *Versuch über den menschlichen Verstand* (1690), geht Locke davon aus, dass der Verstand bei der Geburt leer wie eine *tabula rasa* (ein unbeschriebenes Blatt) ist. Mit der Zeit fülle der Mensch ihn mit Ideen, die er durch sinnliche Erfahrung der Welt gewinne. Zur damaligen Zeit war Lockes Theorie bemerkenswert, da sie besagte, dass alle Menschen gleich geboren werden, keiner von Geburt an überlegen ist und die Entwicklung eines jeden stark von seiner Bildung abhängt. Lockes einflussreiche Philosophie inspirierte eine ganze Reihe weiterer Empiristen, darunter David Hume. Locke war einer der Ersten, die eine Aufteilung der Staatsgewalt auf unabhängige Organe vorschlugen. Diese Idee wurde von den Gründern der USA aufgenommen und in der Verfassung des Landes verankert.

GESELLSCHAFTS-VERTRAG

Zu Lockes Lebzeiten wurden viele Länder von absolutistischen Herrschern regiert, die behaupteten, dass ihre Macht gottgegeben sei. Locke widersprach dieser Idee des Herrschaftsanspruchs von Gottes Gnaden. Jeder Mensch habe Naturrechte, wie das Recht auf Leben, Gesundheit, Freiheit und Besitz. In einem Gesellschaftsvertrag stimmen die Menschen zu, einige ihrer Freiheiten an eine Regierung abzugeben. Im Gegenzug beschützt die Regierung die Naturrechte aller besser, als es der einzelne Mensch könnte. Daher bekomme der Staat seine Macht vom Volk, nicht von Gott verliehen. Nach Locke sollte jede Regierung, die die Naturrechte der Bürger nicht schützen kann, abgesetzt werden. Damals waren dies ziemlich radikale Ansichten.

ERFAHRUNG

Nach Locke entwickelt der Mensch sein Weltverständnis nach und nach mit Hilfe seiner Sinneserfahrungen und durch das Nachdenken über immer kompliziertere Ideen. Locke akzeptierte, dass Sinneseindrücke und Ideen auch falsch sein können. Daher war er dafür, Gedanken stets zu überprüfen und bereit zu sein, seine Meinung zu ändern.

WAHRHEITEN

Gottfried Leibniz war wie René Descartes ein Rationalist, dachte aber, dass manches Wissen nicht durch den Verstand erlangt werden kann. Da nach Leibniz Gott fehlerlos sein muss, kann auch die von ihm erschaffene perfekte Welt nicht verbessert werden. Voltaire, ein französischer Philosoph, machte sich 1759 in seiner Novelle *Candide* über Leibniz' Optimismus lustig und parodierte ihn in der Rolle des übertrieben zuversichtlichen Dr. Pangloss. Doch es gibt in der Leibniz'schen Philosophie viel mehr zu entdecken als den Gedanken, dass wir in der besten aller möglichen Welten leben.

WER WAR GOTTFRIED WILHELM LEIBNIZ?

Leibniz wurde 1646 in Leipzig geboren. Er brachte sich selbst Latein und Griechisch bei, um die Bücher in der Bibliothek seines Vaters lesen zu können. Mit nur 21 Jahren wurde ihm eine Professur an der Universität Altdorf angeboten, die er nicht annahm. Vier Jahre lang arbeitete Leibniz in Paris, davon die meiste Zeit als Diplomat. 1676 kehrte er als Bibliothekar und Berater von Herzog Johann Friedrich nach Hannover zurück. Neben diesen Tätigkeiten hatte er genügend Zeit, um in den Fächern Mathematik, Mechanik, Geologie, Religion und Philosophie weiter zu forschen. Leibniz war ein eifriger Briefschreiber (er schrieb und erhielt etwa 15 000 Briefe), veröffentlichte aber zu Lebzeiten nur ein Buch, die *Theodizee*. Seine letzten Jahre waren von einem hässlichen Streit geprägt. Viele von Leibniz' Arbeiten wurden erst nach seinem Tod 1716 veröffentlicht.

Wahrheit: Jedes Dreieck hat drei Seiten.

»Ich unterscheide zwischen Wahrheiten der Tatsache und Wahrheiten der Vernunft.«

BLICK IN DIE ZUKUNFT

Leibniz sah in Erfindungen die Lösung zukünftiger Probleme. Er entwarf Wasserpumpen und U-Boote und erfand eine der ersten Rechenmaschinen (Staffelwalze). Mit ihr waren sehr schnelle Berechnungen in allen vier Grundrechenarten möglich. Leibniz war der erste Europäer, der das binäre Zahlensystem (Einsen und Nullen) populär machte. Er vermutete schon damals, dass sich damit Rechenprozesse zukünftiger Maschinen vereinfachen lassen würden – wie heute bei Computern üblich.

Wahrheit: Es schneit draußen.

DIE ERSTE WAHRHEIT

Das Werk *Neue Abhandlungen über den menschlichen Verstand*, das erst 50 Jahre nach Leibniz' Tod veröffentlicht wurde, unterteilte Wissen in zwei Wahrheitstypen. Manche Dinge können als wahr bewiesen werden, indem man über sie nachdenkt. Leibniz nannte sie »Vernunftwahrheiten«. Zu ihnen gehören Additionen wie 2 + 2 = 4. Alle Informationen, die man braucht, um ihre Wahrheit festzustellen, sind in ihr selbst enthalten.

DIE ZWEITE WAHRHEIT

Der zweite Erkenntnistyp ist etwas schwerer festzumachen. Hier sind nicht alle Informationen enthalten, um über die Wahrheit entscheiden zu können. Die Aussage »Der Onkel des Direktors ist 70 Jahre alt« kann für sich betrachtet nicht als wahr oder falsch bezeichnet werden. Man muss weitere Fakten, etwa, ob der Direktor überhaupt einen Onkel hat, ermitteln. Leibniz nannte dies »Tatsachenwahrheiten«.

Das Konzept der beiden Wahrheitstypen scheint keine große Sache zu sein, doch beschäftigt es seither die Philosophie und hat großen Einfluss auch auf die Naturwissenschaft. Heute nennen wir Tatsachenwahrheiten synthetische Aussagen und Vernunftwahrheiten analytische Aussagen. Synthetische Aussagen können wir nur mit Hilfe von Tatsachen, die wir durch Beobachtung erkennen, als wahr bestätigen.

LEIBNIZ GEGEN NEWTON

Als erfinderischer Mathematiker entwickelte Leibniz einen Typ der Infinitesimalrechnung (Bereich der Mathematik, der sich damit beschäftigt, wie sich Gleichungen und Größen über die Zeit verändern, und der heute in Naturwissenschaften, Wirtschaft und Technik wichtig ist). Der britische Wissenschaftler Isaac Newton hatte schon vor Leibniz eine eigene Infinitesimalrechnung erfunden, wobei Leibniz seine früher veröffentlichte. Leibniz wurde beschuldigt, Newtons Ideen gestohlen zu haben. Er verlor deswegen Freunde und Ansehen. Heute geht man davon aus, dass beide ihre Modelle unabhängig voneinander entwickelten.

FREIHEIT

Jean-Jacques Rousseau führte ein ereignisreiches Leben. Er schrieb Romane, preisgekrönte Essays und eine Oper, die vor dem französischen König aufgeführt wurde. Seine Bücher waren zeitweise verboten oder wurden verbrannt, es gab sogar einen Haftbefehl gegen ihn. Zu Rousseaus Lebzeiten machten Industrie und Wissenschaft rasante Fortschritte. Doch Rousseau kritisierte, dass die Gesellschaft die Freiheit der Individuen einschränke. Er fragte sich, ob der Fortschritt das Glück der Menschen nicht verringere. Berühmt wurde er durch seine einflussreichen Theorien über Erziehung und alternative Möglichkeiten der Staatsführung.

WER WAR JEAN-JACQUES ROUSSEAU?

Rousseau wurde 1712 in Genf geboren. Seine Mutter starb wenige Tage nach seiner Geburt. Von seinem Vater, einem Uhrmacher, wurde er mit nur 10 Jahren im Stich gelassen. Rousseau wuchs bei seinem Onkel auf und reiste als junger Mann durch Europa, um als Musiker Karriere zu machen. 1742 zog er nach Paris, wo er sich mit dem Philosophen Denis Diderot anfreundete. Er war geschockt von der großen Ungleichheit zwischen reichen Adligen und den vielen bitterarmen Parisern. Diese Ungleichheit vor Augen, entwickelte er seine eigene Staats- und Gesellschaftstheorie. Als 1762 zwei seiner Bücher verboten wurden, fürchtete Rousseau um seine Freiheit und floh aus Paris. Er lebte in der Schweiz und in England bei David Hume, mit dem er sich aber zerstritt. Heimlich kehrte er nach Frankreich zurück und lebte dort bis zu seinem Tod 1778.

Der Naturzustand

1755 veröffentlichte Rousseau die *Abhandlung über den Ursprung und die Grundlagen der Ungleichheit unter den Menschen.* Laut Rousseau lebten die Menschen in einem Naturzustand, bevor sie sich zusammentaten und Gesellschaften bildeten. Im Naturzustand seien sie unschuldig, frei und glücklich gewesen. Die Gesellschaft aber verderbe den Menschen, weil sie Habgier, Konkurrenz und die Kluft zwischen Arm und Reich entstehen lasse.

Auswirkung und Einfluss

Rousseaus *Gesellschaftsvertrag* hatte enorme Auswirkungen auf das politische Denken. Er beeinflusste sowohl die Verfasser der Unabhängigkeitserklärung der Vereinigten Staaten von Amerika von 1776 als auch die Akteure der Französischen Revolution. Rousseaus Denken inspirierte auch Philosophen wie Georg Hegel, Immanuel Kant und Karl Marx.

Über Erziehung

Das in Romanform erschienene Werk *Émile oder Über die Erziehung* war eine der ersten westlichen philosophischen Abhandlungen über die kindliche Entwicklung. Laut Rousseau soll sich die Schulbildung auf die Gefühle, nicht auf den Verstand eines Kindes konzentrieren. Statt Lesen seien Spielen und praktisches Lernen durch Erfahrungen wichtig. Das Buch wurde sowohl in Paris als auch in Genf verboten und Exemplare öffentlich verbrannt. Im 19. Jahrhundert hingegen inspirierte es neue Erziehungstheorien.

»Der Mensch wird frei geboren, und überall ist er in Ketten.«

Der Gesellschaftsvertrag

1762 schrieb Rousseau sein bekanntestes Werk, *Der Gesellschaftsvertrag.* Darin geht es um die Frage, wie die Gesellschaft die Freiheit aller ihrer Mitglieder schützen kann. Rousseau schlägt eine Staatsführung vor, die auf der Zustimmung aller beruht. Die Gesetze sollen nicht von Königen oder gewählten Politikern gemacht werden, sondern von allen Bürgern eines Landes. Sie sollen dem Gemeinwohl dienen und für alle gelten. Diese Ausrichtung am Wohl aller Menschen nennt Rousseau *volonté générale* (Gemeinwille).
Nach Rousseau schützen solche Gesetze die Freiheit des Einzelnen. Halte sich eine Regierung nicht an den Gemeinwillen, solle sie abgesetzt werden.

VERSTAND

Der Sohn eines Handwerkers war der Erste, der eine Möglichkeit fand, die Ansichten von Empiristen wie David Hume (siehe S. 40) oder John Locke mit denen von Rationalisten wie René Descartes zu kombinieren. Immanuel Kant zufolge braucht es sowohl den Verstand als auch die Erfahrung durch Sinneswahrnehmungen, um die Welt zu verstehen. Mit Hilfe des Verstands ließe sich auch ein moralisches System entwickeln. Obwohl Kant nicht weit herumkam und die meiste Zeit in seiner Geburtsstadt Königsberg (damals Preußen, heute Kaliningrad, Russland) blieb, war Kant schon zu Lebzeiten international bekannt.

»Alle unsere Erkenntnis hebt von den Sinnen an, geht von da zum Verstande, und endigt bei der Vernunft, über welche nichts Höheres in uns angetroffen wird, den Stoff der Anschauung zu bearbeiten und unter die höchste Einheit des Denkens zu bringen.«

– Immanuel Kant, Kritik der reinen Vernunft

WER WAR IMMANUEL KANT?

Kant wurde 1724 in Königsberg geboren. Er war fasziniert von der Philosophie, besonders der von David Hume. Nachdem er neun Jahre lang als Privatlehrer gearbeitet hatte, nahm er eine unbezahlte Dozentenstelle an der Universität Königsberg an. Bevor er 1770 eine voll bezahlte Professur antrat, lebte er von dem Geld, das ihm Studenten zahlten, um seine beliebten Vorlesungen zu hören. Kant heiratete nie, hatte aber einen großen Freundeskreis. Sein Tag lief nach einer strengen Routine ab: Er stand täglich um fünf Uhr morgens auf und machte immer zur selben Zeit einen Nachmittagsspaziergang. Sein Hauptwerk von 1781, *Kritik der reinen Vernunft*, hat 800 Seiten und ist nicht leicht zu lesen. Zwei Jahre später erstellte er unter dem Titel *Prolegomena* eine verständlichere Version sowie zwei weitere Kritiken in den Jahren 1788 und 1790.

ANSCHAUUNG UND VERSTAND

Nach Kant entsteht Erkenntnis durch das Zusammenspiel der Sinne und des Verstandes. Die Sinne sammeln Informationen (Anschauungen). Deren Einordnung und Verbindung mit Begriffen leistet der Verstand. Ohne Begriffe wüsstest du nicht, was du mit deinen Sinnen wahrnimmst. Deine Anschauung liefert dir z. B. den Anblick zweier Wände eines Gebäudes, doch du kannst dank des mit einer Vorstellung gefüllten Begriffs in deinem Kopf ein ganzes Gebäude erkennen.

Entstehung von Sternen und Planeten

1755 veröffentlichte Kant als einer der Ersten eine Theorie der Entstehung von Sternen und Planeten, die noch heute als weitgehend anerkannt gilt. Kant ging davon aus, dass im Weltall große Gas- und Staubwolken *(nebulae)* durch die Schwerkraft nach und nach in sich zusammenfallen. Seiner Theorie zufolge bilden sie eine sich drehende Scheibe, aus der ein zentraler Stern und weitere entfernte Planeten entstehen.

Jenseits unserer Erfahrung

Nach Kant ist die Erkenntnisfähigkeit des Menschen begrenzt. Die Dinge in der Welt, wie sie uns durch unsere sinnliche Erfahrung erscheinen, nannte er *Phaenomena*. Im Gegensatz zu ihnen sind die *Noumena* die Dinge an sich. Sie sind nur im Verstand, wir können sie nicht mit unseren Sinnen wahrnehmen. Für Kant liegt deshalb hier die Grenze unserer Erkenntnis. Das betrifft nach Kant auch die Frage, ob Gott existiert, die wir niemals vollständig beantworten können. Dieser komplexe Bereich aus Kants Philosophie wird bis heute erforscht und diskutiert.

Kategorischer Imperativ

Kant zufolge kann weder die Natur noch die Religion, sondern nur die Vernunft die Frage beantworten, was moralisch richtig oder falsch ist. Er führte allgemeingültige Regeln und Gebote ein, die immer eingehalten werden müssen, die Formeln des sogenannten kategorischen Imperativs. Etwas, das für jeden immer und ohne Ausnahme gut ist, entspricht dem kategorischen Imperativ. Du kannst dich fragen: Wenn ich lüge oder ein Versprechen breche, müsste das zu einem allgemeinen Gesetz werden können, auch andere dürften dann lügen oder Versprechen brechen. Da dies nicht vernünftig ist, entspricht dieses Handeln nicht dem kategorischen Imperativ.

»Handle so, dass die Maxime deines Willens jederzeit zugleich als Prinzip einer allgemeinen Gesetzgebung gelten könnte.«

FEMINISMUS

Obwohl sich einige Schriftstellerinnen und Schriftsteller für sie einsetzten, hatten im Europa des 18. Jahrhunderts Frauen viel weniger Rechte als Männer und wurden schlechter behandelt. Mary Wollstonecraft war eine derjenigen Denkerinnen, die das in Frage stellte. Sie argumentierte, dass Frauen genauso rational denken können wie Männer und dieselben Grundrechte und Chancen wie Männer haben sollten. Das Wort »Feminismus« kam zwar erst im 19. Jahrhundert auf, aber Wollstonecraft gilt heute als eine der ersten feministischen Philosophinnen.

WER WAR MARY WOLLSTONECRAFT?

Mary Wollstonecraft (1759–1797) wurde als zweites von sieben Kindern eines Webers und Landwirts geboren und erhielt keine Schulbildung. Doch eignete sie sich selbst Wissen aus Büchern an. Sie arbeitete für kurze Zeit als Kindermädchen, um 1784 gemeinsam mit ihrer Schwester Eliza und ihrer besten Freundin Fanny Blood eine kleine Schule in London zu gründen, die aber später mit finanziellen Problemen kämpfte. Im Folgejahr reiste Wollstonecraft nach Portugal und danach nach Frankreich, Irland und Skandinavien. Sie schrieb über ihre Reisen und veröffentlichte 1787 eine Streitschrift über Erziehung. Im Jahr darauf arbeitete sie in einem Londoner Verlag. Sie schrieb auch für die Zeitschrift *Analytical Review*. 1797 heiratete sie den anarchistischen Philosophen William Godwin. Noch im selben Jahr bekam sie eine Tochter, starb aber bald nach der Geburt. Ihre Tochter, Mary Wollstonecraft Shelley, schrieb später den berühmten Schauerroman *Frankenstein*.

»Lasst die Frau an den Rechten des Mannes teilhaben, dann wird sie auch nach seinen Tugenden streben.«

REPUBLIKANISCHE ANSICHTEN

1790 schrieb Wollstonecraft die Streitschrift *Verteidigung der Menschenrechte*. Die erste Auflage wurde anonym veröffentlicht. Nachdem sie binnen drei Wochen ausverkauft war, wurde die zweite unter Wollstonecrafts Namen herausgebracht. Sie kritisiert darin die Macht des Adels und ist dagegen, dass Länder von Königen regiert werden. Stattdessen spricht sie sich für die Staatsform der Republik aus, in der nicht nur wenige Adlige über die Menschen herrschen. Wollstonecraft kritisiert Sklaverei und Sklavenhandel, die sie »eine grausame Verletzung der Menschlichkeit« nennt. Zwei Jahre später reiste sie nach Frankreich und wurde Zeugin der Französischen Revolution und des Sturzes von König Ludwig XVI.

FRAUENRECHTE

Wollstonecrafts Essay *Die Verteidigung der Frauenrechte* erschien 1792. Darin widerspricht sie Rousseaus Meinung, dass Mädchen und Jungen mit einem unterschiedlichen Verstand ausgestattet seien und daher auch unterschiedlich erzogen werden sollten. Nach Wollstonecraft wurden Frauen zur damaligen Zeit dazu erzogen, oberflächlich und geistlos zu sein, und ihnen wurde nur die Rolle einer Bediensteten oder Mutter zugestanden. Sie argumentierte, dass Frauen mit denselben geistigen Fähigkeiten wie Männer geboren werden, ihrer Entwicklung aber die schlechten Bildungschancen und die Abhängigkeit von Männern im Weg stünden.

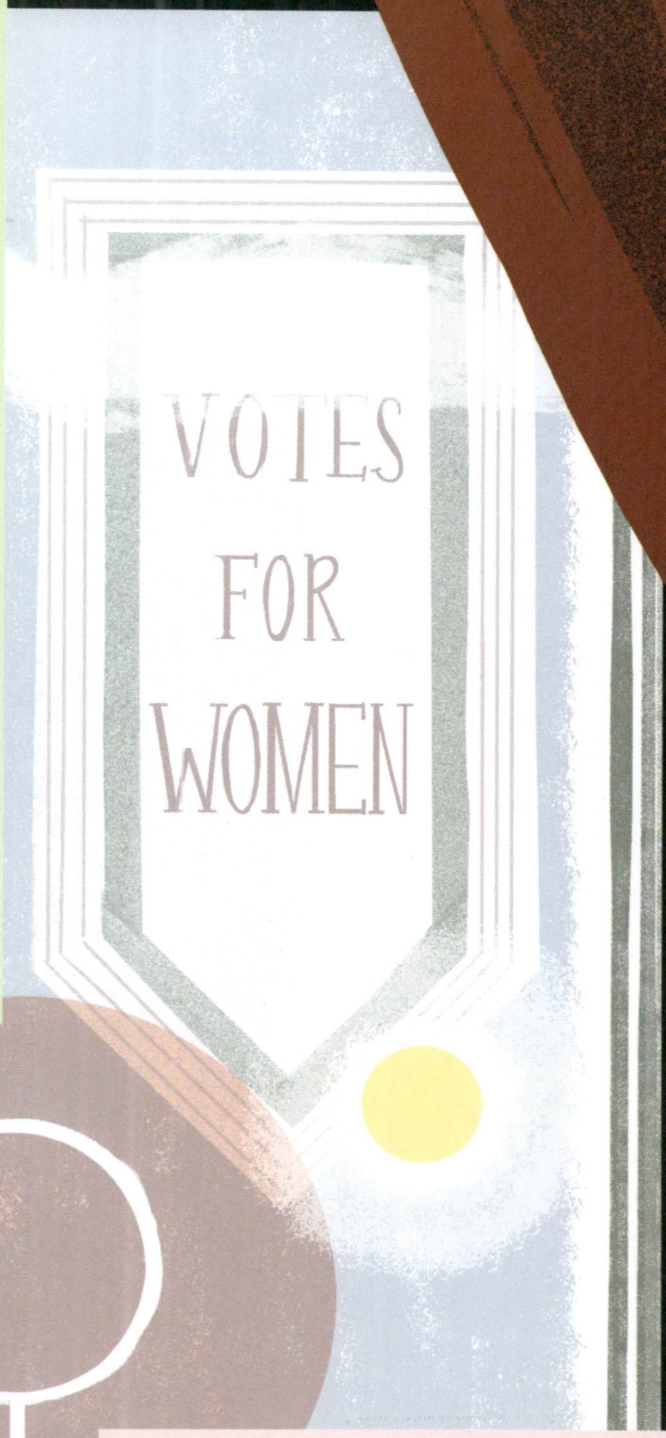

WEGBEREITERIN DES FEMINISMUS

Wollstonecraft wurde für ihre liberalen Ansichten und ihren unkonventionellen Lebensstil oft kritisiert. Der Schriftsteller und Politiker Horace Walpole etwa nannte sie eine »Hyäne in Unterröcken«. Doch für die feministischen Aktivistinnen im 19. und 20. Jahrhundert waren Wollstonecrafts Schriften und ihre Argumente für gleiche Chancen und Rechte für Männer und Frauen, auch in der Politik, enorm wichtig. Millicent Fawcett, eine Pionierin der Frauenwahlrechtsbewegung, hob Mary Wollstonecrafts führende Rolle im Kampf für die Gleichberechtigung von Frauen hervor.

VERNUNFT

Der schottische Schriftsteller und Denker David Hume war zu Lebzeiten vor allem als Historiker bekannt. Heute gilt er als einer der wichtigsten Philosophen des 18. Jahrhunderts. Er lebte während der Aufklärung, dem »Zeitalter der Vernunft«, als der Mensch vor allem über seine logischen Denkfähigkeiten bestimmt wurde. Hume dagegen war der Meinung, dass der Mensch nicht von seiner Vernunft, sondern von seinen Gefühlen (Affekten) geleitet wird. Er war ein Empirist, dessen Arbeit auf nachfolgende Philosophen wie John Stuart Mill und Immanuel Kant (siehe S. 36) großen Einfluss hatte.

WER WAR DAVID HUME?

David Hume (1711–1776) wurde in Edinburgh geboren und studierte dort Rechtswissenschaft. Doch er fand das Studium eintönig und fühlte sich viel mehr zur Philosophie hingezogen. Für kurze Zeit besuchte er dasselbe Jesuitenkolleg (in La Flèche, Frankreich) wie René Descartes ein Jahrhundert zuvor. Mit Anfang 20 begann Hume, sein Hauptwerk, *Ein Traktat über die menschliche Natur,* zu schreiben. Allerdings fand es nach seiner Veröffentlichung nur wenig Beachtung. Hume aber gab nicht auf und arbeitete als Sekretär und Bibliothekar, während er seine philosophischen Ideen weiterentwickelte. 1748 veröffentlichte er sein einflussreiches Werk *Eine Untersuchung über den menschlichen Verstand* sowie drei Jahre später einen Essay über Moral. In den 1750er- und 1760er-Jahren wandte er sich der Geschichte zu und schrieb den sechsbändigen Bestseller *Geschichte Englands.* Er wurde zigmal neu aufgelegt und sicherte ihm für den Rest seines Lebens ein gutes Einkommen.

Eindrücke und Vorstellungen

Hume war ein Skeptiker und der Meinung, dass der Mensch nur durch seine Sinneswahrnehmungen Erkenntnisse erlangen kann. Alle Kenntnisse, die uns vorliegen, seien entweder Eindrücke (Gefühle und Sinneswahrnehmungen) oder Vorstellungen (Abbilder von Eindrücken, die wir haben, wenn wir uns mit diesen in Form von Nachdenken, Erinnern oder Einbilden beschäftigen). Er legte dar, dass wir Vorstellungen aus einfachen Sinneseindrücken mittels verschiedener Techniken bilden. Laut Hume ist es problematisch, Vorstellungen induktiv zu entwickeln: Nur weil wir ein sich wiederholendes Ereignis beobachten (z. B. alle Schwäne, die wir wahrnehmen, weiß sind), bedeute dies nicht, dass sich dieses Ereignis zukünftig fortsetzt. Nach Hume können wir auf diese Weise keine endgültigen Wahrheiten finden.

Die Affekte

Laut Hume wird das Verhalten eines Menschen durch seine Affekte (Gefühle) und nicht seine Vernunft bestimmt. Dies zeige sich auf körperlicher Ebene (z. B. Abneigung gegen ein bestimmtes Essen) und auf geistiger (unsere Vorstellungen): Jemand hört von einer neuen Vorstellung und findet sie unangenehm oder bedrohlich. Diese emotionale Reaktion lässt ihn urteilen, dass diese Vorstellung falsch sein muss. Wenn sich im umgekehrten Fall eine Person von einer Vorstellung positiv angesprochen fühlt, wird sie sie für wahr und wichtig erklären. Hume zufolge nutzt der Mensch seine Vernunft in einem späteren Schritt, um Argumente zu finden, die seine ursprünglichen Gefühle zu einer Vorstellung stützen.

Ablehnung der Religion

Seine letzten Lebensjahre verbrachte Hume damit, heimlich an seinem Werk *Dialoge über natürliche Religion* zu schreiben. Wegen erwarteter Kontroversen wurde es erst drei Jahre nach seinem Tod veröffentlicht. Hume entwarf wie Sokrates Gespräche zwischen verschiedenen Charakteren, um zu zeigen, dass Wunder, religiöser Glaube und die Existenz Gottes durch den Verstand nicht angemessen erklärt werden können. Er stellte fest: »Im Allgemeinen aber sind die Irrtümer in der Religion gefährlich, die Irrtümer in der Philosophie lediglich lächerlich.«

»Die Vernunft ist nur der Sklave der Affekte und soll es auch sein.«

KLASSENKÄMPFE

In Europa gab es Mitte des 19. Jahrhunderts zahlreiche Rebellionen und Unruhen, da viele Menschen unter schrecklichen Bedingungen lebten und arbeiteten. Laut dem deutschen Denker Karl Marx kann dies als Konflikt zweier Klassen erklärt werden: den Arbeitern und den wenigen reichen Kapitalisten, die diese ausbeuten. Marx beschäftigte sich in seinen Theorien, als Marxismus bekannt, mit Wirtschaft, Politik, Soziologie und Geschichte. Sie hatten sowohl auf die jeweiligen Wissenschaften als auch auf die Politik großen Einfluss.

WER WAR KARL MARX?

Karl Marx wurde 1818 in Trier als Sohn eines bekannten jüdischen Anwalts geboren. Er studierte Rechtswissenschaft in Bonn und Berlin, wo er erstmals mit der Philosophie von Georg Hegel in Berührung kam. 1842 arbeitete Marx als Redakteur bei der radikaldemokratischen *Rheinischen Zeitung*. Als diese im Jahr darauf verboten wurde, ging er nach Paris. Zusammen mit dem deutschen Philosophen Friedrich Engels veröffentlichte er 1848 *Das Kommunistische Manifest*. Als Marx und seine Frau Jenny wegen seiner radikalen Ansichten aus Frankreich und Belgien verbannt wurden, zogen sie 1849 nach London, wo sie in Armut lebten. Marx schrieb weiter an seinen philosophischen Theorien und veröffentlichte 1867 den ersten Band seines Hauptwerks *Das Kapital*. Nach Marx' Tod 1883 gab Engels die beiden Folgebände heraus.

DAS KOMMUNISTISCHE MANIFEST

In ihrer Streitschrift gliedern Marx und Engels die Geschichte in vier Phasen, die sich durch die unterschiedliche Verteilung von Eigentum unterscheiden – vom gemeinsamen Besitz innerhalb einer kleinen Gruppe bis zur jüngsten Phase, dem Kapitalismus. Dieser schaffe große gesellschaftliche Ungerechtigkeit und Ungleichheit, da die Produktionsmittel (die Dinge, die man zur Herstellung von Waren benötigt, z. B. Maschinen) einigen wenigen gehörten, nämlich der Bourgeoisie. Die Bourgeoisie kontrolliere und beute die Arbeiter (Proletariat) aus.

Der Kapitalismus verschlechtere die Bedingungen des Proletariats, weil er dessen Armut und Gefühl der Entfremdung und Machtlosigkeit immer weiter verstärke.

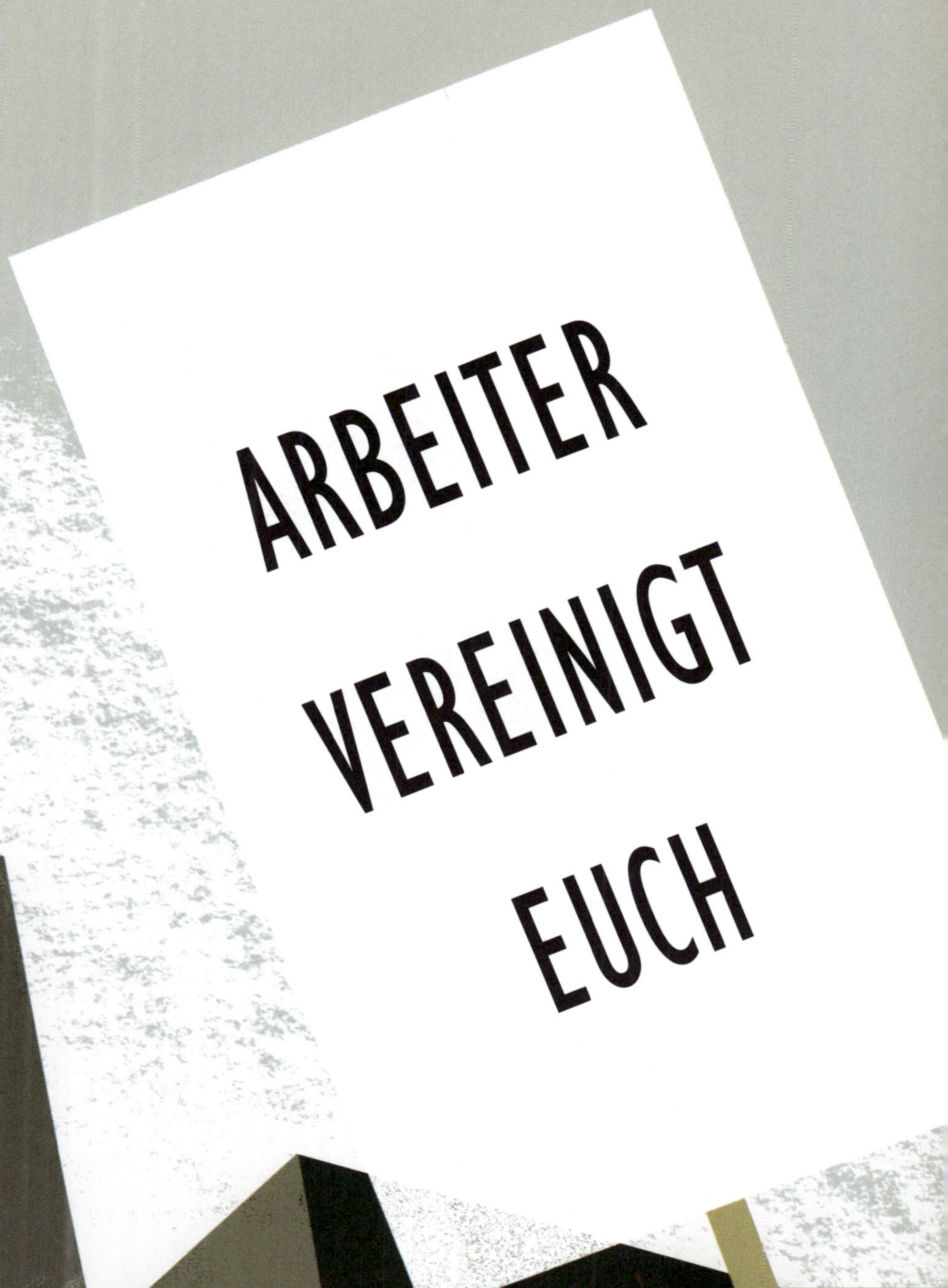

DIE AUSWIRKUNGEN DES MARXISMUS

Als Marx starb, war er kaum bekannt. Nur etwa 15 Menschen besuchten sein Begräbnis. Seine Ideen aber sollten immer mehr an Bedeutung gewinnen. Der Marxismus bietet ein alternatives ökonomisches und politisches Modell zum Kapitalismus und war damit die Grundlage vieler sozialistischer und kommunistischer Theorien. Die Gedanken von Karl Marx beeinflussten die Gestaltung und Organisation vieler Staaten, z. B. der Sowjetunion und der Volksrepublik China.

KLASSENLOSE GESELLSCHAFT

Marx sagte voraus, dass sich der Kapitalismus unausweichlich zu einem letzten Klassenkampf zuspitze. Dieser führe zu einer Revolution, in der die Bourgeoisie von der Masse der Arbeiter gestürzt werde. Das Ergebnis sei eine klassenlose Gesellschaft, in der das gesamte Eigentum und alle Produktionsmittel nicht Individuen oder Unternehmen, sondern der Gemeinschaft gehören (Kollektivbesitz). Arbeit und Produktionsmittel würden gerecht aufgeteilt oder in den Worten von Marx: »Jeder nach seinen Fähigkeiten, jedem nach seinen Bedürfnissen!«

LEBEN IN FREIHEIT

Bertrand Russell führte ein bewegtes Leben, in dessen Zentrum das Streben nach Wissen und Frieden standen. Er war vier Mal verheiratet, saß zwei Mal wegen seiner Ansichten im Gefängnis und überlebte einen Flugzeugabsturz vor der Küste Norwegens. 1950 gewann er den Literaturnobelpreis für sein großes Werk, das über 70 Bücher und 2000 Artikel umfasst. Mit seinen Schriften, aber auch über Radio und Fernsehen brachte Russell der breiten Öffentlichkeit Philosophie näher. Er ist der Begründer der analytischen Philosophie und schrieb wortgewaltige Fachtexte über die Rolle der Logik beim Denken und in der Mathematik.

WER WAR BERTRAND RUSSELL?

Bertrand Russell (1872–1970) wurde in eine Adelsfamilie geboren. Sein Großvater Earl Russell war britischer Premierminister. Noch vor seinem vierten Lebensjahr verlor Russell Eltern und Schwester. Er wuchs bei den Großeltern auf, studierte an der Universität Cambridge und schrieb zusammen mit seinem ehemaligen Hochschullehrer Alfred North Whitehead sein erstes großes Werk, *Principia Mathematica*. 1918 wurde Russell wegen seines Protests gegen den Ersten Weltkrieg und die Wehrpflicht zu sechs Monaten Gefängnis verurteilt. Zwei Jahre später besuchte er Russland und reiste nach Peking, wo er Vorlesungen hielt. Russell erhielt an mehrere Universitäten einen Ruf, darunter nach Cambridge, Chicago und New York. In seinem späteren Leben setzte er sich gegen den Kolonialismus, den Vietnamkrieg und Atomwaffen ein und wurde erster Präsident der 1958 gegründeten Campaign for Nuclear Disarmament (CND).

»Mehr als alles andere ist es die Sorge um Besitz, die uns davon abhält, frei und großmütig zu leben.«

WENIGER ARBEIT, MEHR GLÜCK

Russell schrieb viel über Philosophie und soziale Themen wie die Natur der Arbeit. Die Ansicht, dass Arbeit eine Tugend sei, sowie der zwanghafte Wunsch nach Besitz machen Russell zufolge aus zwei Gründen unglücklich: Das Verlangen nach immer mehr Eigentum könne nie ganz gestillt werden, außerdem lebe man in ständiger Angst, der Besitz könne einem weggenommen werden. Laut Russell sollte niemand zur Arbeit gezwungen werden. Genügend Freizeit sei für das Glück des Menschen unerlässlich, da sie die Kreativität und gute zwischenmenschliche Beziehungen fördere.

Analytische Philosophie

Nach Russell sind Logik und Wissenschaft die wichtigsten Werkzeuge der Philosophie. Er forderte, Fakten, Sprache und Ideen logisch zu analysieren. Dabei wird die für Aussagen verwendete Sprache aufgeschlüsselt. Ziel ist, dass jedes Wort und jede Beschreibung logisch und möglichst genau definiert sind. So würde die analytische Philosophie bei der Aussage »Die Menschen sind gut« untersuchen, was genau unter »die Menschen« und »gut« zu verstehen ist. Im englischen Sprachraum gewann dieser Bereich der Philosophie im 20. Jahrhundert immer mehr an Bedeutung.

Erscheinung und Realität

Russell argumentierte gegen den Idealismus, ein damals beliebtes philosophisches Konzept, nach dem die Wirklichkeit nur durch unsere Ideen und Gedanken besteht. In seinem 1912 veröffentlichten Buch, *Probleme der Philosophie,* beschreibt Russell, wie sich die Erscheinung eines Objekts mit der Verschiebung des Lichteinfalls oder des Standpunkts verändert. Er bezeichnete die sich verändernden Bilder, die unsere Sinne empfangen, als Sinnesdaten und betonte, dass diese nicht mit der Realität eines Objekts gleichzusetzen seien. Ein weißer Stuhl z. B. wird nicht schwarz, nur weil er uns bei Dunkelheit schwarz erscheint. Genauso wenig existiert der Stuhl nicht mehr, nur weil wir den Raum verlassen und ihn nicht mehr sehen. Russell kam zu dem Schluss, dass der Stuhl wirklich existieren und die Ursache unserer Sinnesdaten sein muss.

DENKTRADITION IN CHINA

Lange Zeit war der Blick in China bei philosophischen Fragen nach innen gerichtet. Dies änderte sich im 19. und 20. Jahrhundert, als das Land mehr Kontakt zu anderen Staaten knüpfte. Feng Youlan, ein chinesischer Philosoph, war Verteidiger und Chronist der langen Philosophiegeschichte Chinas. Zugleich wollte er das Denken in seinem Land erneuern. Er schrieb das erste moderne Werk über chinesische Philosophiegeschichte und erstellte sein eigenes kontrovers diskutiertes philosophisches System, in dem er die wichtigsten Elemente des Konfuzianismus mit westlichen Ideen wie Logik und Metaphysik kombiniert.

»Die Gegenwart sollte das Beste der Vergangenheit einschließen.«

WER WAR FENG YOULAN?

Feng Youlan wurde 1895 in der Provinz Henan geboren. Sein Vater hatte in seiner Bibliothek sowohl chinesische als auch westliche Bücher, die Feng eifrig las. Nach seinem Studium an den Universitäten Shanghais und Pekings, promovierte er beim amerikanischen Philosophen John Dewey an der Columbia University in den USA. Zurück in China, arbeitete er an verschiedenen Universitäten und veröffentlichte 1934 seine umfassende *Geschichte der chinesischen Philosophie*. Beim Ausbruch des Zweiten Japanisch-Chinesischen Kriegs 1937 flohen Feng und andere Wissenschaftler aus Peking.

Zwischen 1937 und 1946 veröffentlichte Feng sechs Bücher über sein eigenes philosophisches System, auch als *Xin Lixue* oder *Neue Metaphysik* bekannt. Feng wandte die logische Analyse der westlichen Philosophie an, um die Arbeit neokonfuzianischer Philosophen wie Zhu Xi (siehe S. 20/21) und dessen Idee von *Li* (Ordnungsprinzip) und *Qi* (die von *Li* geformte materielle Kraft) zu untersuchen und neu zu interpretieren.

In den 1940er-Jahren war Feng Gastprofessor in den USA und veröffentlichte 1948 *Eine kurze Geschichte der chinesischen Philosophie* auf Englisch. Damit brachte er das Thema einem neuen Publikum nahe. Anlässlich seines Tods 1990 beschrieb ihn die *New York Times* als »Chinas führenden zeitgenössischen Philosophen«.

NATÜRLICHE EBENE

Der Mensch ist sich seiner selbst nicht bewusst und folgt seinen natürlichen Instinkten, um zu überleben, Schmerz zu vermeiden und Lust zu empfinden. Er stellt sein Handeln nicht in Frage.

UTILITARISTISCHE EBENE

Der Mensch ist sich seiner selbst als Individuum bewusst, handelt aber nur zu seinem eigenen Vorteil.

MORALISCHE EBENE

Der Mensch ist sich bewusst, Teil einer Gesellschaft zu sein und handelt zum Wohl aller. Sein Handeln ist von moralischer Bedeutung.

UNIVERSALE EBENE

Der Mensch widmet sein Leben der Gesellschaft und dem Universum. Als Teil der Gesellschaft und des Universums führt er ein Leben in Harmonie. Feng nannte dies *daquan* (großes Ganzes).

DIE VIER EBENEN

Feng zufolge ist sich der Mensch im Gegensatz zum Tier über sein Handeln bewusst, allerdings in unterschiedlichem Ausmaß. Feng unterteilte das menschliche Bewusstsein über das eigene Tun in vier Ebenen: die natürliche, die utilitaristische, die moralische und die universale Ebene. Beim Durchlaufen der Ebenen steigere sich die Selbsterkenntnis und Einsicht eines Menschen erheblich. Nach Feng soll Philosophie dem Menschen helfen, die beiden höchsten Ebenen, besonders die universale Ebene zu erreichen.

EXISTENZ

Im 20. Jahrhundert entstand der Existenzialismus, eine philosophische Strömung, die sich mit der menschlichen Existenz auseinandersetzte. Er stellte die weitverbreitete Ansicht in Frage, dass es Wahrheiten über die menschliche Natur gebe, die auf jeden Menschen zutreffen. Der berühmteste Denker des Existenzialismus ist der Franzose Jean-Paul Sartre. Seine Theorie, dass das Individuum und dessen Entscheidungen im Zentrum der menschlichen Existenz stehen, vermittelte Sartre in Romanen, Theaterstücken und akademischen Texten. Sartre, der in Frankreich eine Berühmtheit war, beeinflusste mit seinem Werk viele Studierende, Denker und Autoren. Zu seinem Begräbnis 1980 kamen 25 000 Menschen.

»Der Mensch ist lediglich so, wie er sich konzipiert – ja nicht allein so, sondern wie er sich will; der Mensch ist nichts anderes, als wozu er sich macht.«

WER WAR JEAN-PAUL SARTRE?

Jean-Paul Sartre wurde 1905 geboren und begeisterte sich schon als Jugendlicher für die Philosophie. Während seines Studiums Ende der 1920er-Jahre in Paris traf er Simone de Beauvoir (siehe S. 52/53), mit der ihn eine lebenslange Beziehung verband. Nachdem er die Zulassungsprüfung für den Beruf des Gymnasiallehrers mit dem 1. Platz absolviert hatte, trat Sartre seinen Militärdienst an. Danach unterrichtete er als Philosophielehrer. 1938 veröffentlichte er seinen ersten philosophischen Roman, *Der Ekel*, und schloss sich im Folgejahr erneut dem Militär an. 1940 geriet Sartre in deutsche Kriegsgefangenschaft, während der er die Arbeit an seinem einflussreichen Buch von 1943, *Das Sein und das Nichts*, begann. Nach dem Krieg war Sartre als Autor, Aktivist und in der Politik tätig.

DIE EXISTENZ GEHT DER ESSENZ VORAUS

Der Existenzialismus behauptet, dass Menschen nicht zu einem bestimmten Zweck leben. Für Sartre existieren Objekte, wie etwa ein Tisch, im Modus des An-sich-Seins. Ihr Zweck und ihre Rolle seien schon vor ihrer Existenz für sie festgelegt. Im Gegensatz dazu existiere eine Person im Modus des Für-sich-Seins. Sie existiere zuerst, werde sich ihrer selbst bewusst und habe die Freiheit, über ihren Zweck und ihre Rolle (ihre Essenz) zu entscheiden.

FREIHEIT UND VERANTWORTUNG

Sartre sagte: »Der Mensch ist dazu verurteilt, frei zu sein.« Jeder Mensch sei vollkommen frei, aber auch vollkommen verantwortlich für seine Entscheidungen und deren Auswirkungen auf andere. Auch die Entscheidung, nicht zu entscheiden, sei eine Entscheidung. Daraus folge, dass Individuen Kontrolle darüber haben, wie sie ihre Welt und sich selbst gestalten. Sartre verstand, dass manche vor solch großer Freiheit und Verantwortung Angst haben und Entscheidungen treffen, von denen sie nicht vollkommen überzeugt sind. Diese »Unaufrichtigkeit« führe dazu, dass sich der Mensch selbst enttäusche und kein authentisches Leben lebe.

EIN AUTHENTISCHES LEBEN

Sartre vertrat seine Philosophie nicht nur in seinen Schriften, sondern auch durch seinen Lebensstil. Er setzte sich für verschiedene politische und soziale Themen ein, besonders gegen Unterdrückung und für Freiheit. Er protestierte gegen den Vietnam- und den Algerienkrieg und wurde 1968 sogar wegen zivilen Ungehorsams festgenommen. Auf bedeutende Auszeichnungen wie die Aufnahme in die Ehrenlegion verzichtete Sartre. 1964 lehnte er als Erster den Literaturnobelpreis ab.

DAS BÖSE

Im 20. Jahrhundert verübten Regierungen und Individuen unvorstellbare Gräueltaten. Deutsche Nationalsozialisten ermordeten im Zweiten Weltkrieg sechs Millionen Juden. Hannah Arendt, eine Jüdin, die aus Deutschland fliehen konnte, war 18 Jahre lang staatenlos, bis sie 1950 die US-Staatsbürgerschaft erhielt. Sie beschäftigte sich mit dem Bösen von Individuen und Staaten und kam zum Schluss, dass es entstehe, wenn Menschen gedankenlos handeln, blind gehorchen oder nicht über die Folgen ihres Tuns nachdenken. Arendt untersuchte darüber hinaus, welche Herrschaftsformen günstige Voraussetzungen für das Böse schaffen.

WER WAR HANNAH ARENDT?

Johanna »Hannah« Arendt (1906–1975) wurde in Hannover geboren. Sie wuchs als Einzelkind in Königsberg, der Stadt von Immanuel Kant, auf. Arendt studierte bei den einflussreichen Philosophen Martin Heidegger und Karl Jaspers, doch mit dem Aufstieg Hitlers und der Nationalsozialistischen Deutschen Arbeiterpartei (NSDAP) durfte sie nicht mehr an deutschen Universitäten arbeiten, weil sie Jüdin war. Nachdem sie 1933 verhaftet und verhört wurde, floh sie nach Paris, wo sie für jüdische Einrichtungen arbeitete. Als 1940 die Deutschen in Frankreich einmarschierten, wurde sie in ein Gefangenenlager in Gurs deportiert. Sie konnte fliehen und gelangte über Spanien und Portugal in die USA. Dort verfasste sie eine Reihe von bahnbrechenden Büchern und bekam als erste Frau eine Professur an der Princeton University.

»Die traurige Wahrheit aber ist, dass die meisten bösen Taten von den Menschen getan werden, die sich niemals entschieden, ob sie nun böse oder gut sein wollten.«

TOTALITARISMUS UND FREIHEIT

In ihrem ersten großen Werk, *Elemente und Ursprünge totaler Herrschaft* (1951), untersucht Arendt, wie sich in Deutschland und der Sowjetunion neue, gewaltsame, totalitäre Staatsformen ausbilden konnten. Sie erläutert, wie in diesen Systemen mittels Terrors alle Lebensbereiche kontrolliert und die Grundrechte der Menschen ignoriert werden. Sieben Jahre später veröffentlichte sie *Vita activa oder Vom tätigen Leben.* Darin argumentiert sie, dass der Mensch Gefahr läuft, seine Freiheit zu verlieren, wenn er sich nicht in der Politik und dem öffentlichen Leben engagiert.

DER EICHMANN-PROZESS

Arendt berichtete als Journalistin über das Gerichtsverfahren gegen den Kriegsverbrecher Adolf Eichmann in Jerusalem. Eichmann, der an der Tötung von Millionen Juden beteiligt war, wirkte auf Arendt erschreckend normal und nicht wie ein Ungeheuer. Während des Prozesses dachte Arendt über viele Fragen nach, z. B.: Wie tritt das Böse in Erscheinung? Warum begehen Menschen böse Taten? Diese Fragen untersucht sie in ihrem umstrittenen Buch *Eichmann in Jerusalem. Ein Bericht über die Banalität des Bösen.*

DIE BANALITÄT DES BÖSEN

Arendt hielt das Böse nicht für etwas Seltenes, das auf nur wenige Menschen zutrifft, sondern für etwas Banales, im Sinne von gewöhnlich oder alltäglich. Viele böse Taten würden nicht von unmenschlichen Monstern begangen, sondern von gewöhnlichen Leuten aus Gedankenlosigkeit oder blindem Gehorsam. Dabei verteidigt Arendt Menschen, die Böses tun, nicht. Sie versucht zu erklären, wie das Böse die Norm werden kann, besonders, wenn Regime es sich zu Nutze machen, dass Menschen nicht eigenständig denken. Das Böse könne alltäglich wirken, wenn unmoralische Vorstellungen in einer Gesellschaft die Norm werden.

GLEICHBERECHTIGUNG

Philosophie wird seit ihren Anfängen von Männern dominiert. Einige frühe Philosophen wie Aristoteles definierten die Frau nur über ihre vermeintlichen Mängel im Vergleich zum Mann. Andere dachten, Frauen könnten nicht vernünftig denken und philosophische Wahrheiten nicht wie Männer ergründen. Simone de Beauvoir befasste sich in ihrem Welterfolg *Das andere Geschlecht* (1949) mit der Ungleichbehandlung von Frauen und deren Beurteilung aus rein männlicher Perspektive. Es war eines der ersten Werke über die Menschheits- und Denkgeschichte aus einem feministischen Blickwinkel.

»Die Menschheit ist männlich, und der Mann definiert die Frau nicht an sich, sondern in Beziehung auf sich; sie wird nicht als autonomes Wesen angesehen. Er ist das Subjekt, er ist das Absolute: sie ist das Andere.«

WER WAR SIMONE DE BEAUVOIR?

Simone de Beauvoir (1908–1986) wurde in Paris geboren. Zunächst wollte sie Nonne werden, aber als Jugendliche glaubte sie nicht mehr an Gott. Sie war eine begabte Schülerin und eine der ersten Frauen, die an der ehrwürdigen Sorbonne-Universität studierten. Dort traf sie Jean-Paul Sartre (siehe S. 48/49), mit dem sie lebenslang befreundet blieb. Die beiden halfen sich beim Überprüfen ihrer Arbeiten und gründeten 1945 zusammen die linksgerichtete Zeitschrift *Les Temps Modernes*. Nachdem sie 1929 als jüngste Studentin die schwierige Zulassungsprüfung *Agrégation* bestanden hatte, arbeitete sie bis 1943 als Lehrerin. Sie schrieb politische Essays, Berichte über ihre Reisen nach China und Amerika sowie Romane, darunter auch das preisgekrönte Buch *Die Mandarins von Paris* (1954). De Beauvoir unterstützte auch politische Kampagnen, z. B. gegen den Algerienkrieg.

DAS ANDERE GESCHLECHT

In ihrem 800 Seiten langen Buch legt de Beauvoir dar, dass das von Männern festgelegte Maß aller Dinge bisher der Mann gewesen sei, während die Frau als das »Andere« (im Sinne von unvollständig und mangelhaft) herabgestuft worden sei. Frauen würden ungleich behandelt, da sie eine andere Erziehung als Männer erhielten und in einer männerdominierten Gesellschaft vielfach eingeschränkt würden. De Beauvoir zufolge wurden Frauen im Lauf der Geschichte gezwungen, bestimmte Rollen- und Verhaltensmuster zu übernehmen. Nach ihrem Konzept von Gleichberechtigung sollten Frauen als eigenständige, ebenbürtige, menschliche Wesen betrachtet werden.

FRAUSEIN

Wie ihr Freund Sartre war de Beauvoir Existenzialistin und glaubte, dass der Mensch nicht von Geburt an eine festgelegte Rolle oder einen bestimmten Zweck zu erfüllen hat, sondern selbst wählen kann, wer er oder sie wird. Sie argumentiert, dass es nicht körperliche Unterschiede zu Männern sind, die Frauen einschränken, sondern die Normen der Gesellschaft, die vorschreiben, wie Frauen sein und leben sollten. Aber diese Normen sind, wie alle menschlichen Vorstellungen, veränderbar und können immer wieder hinterfragt werden. Jede Frau kann daher auch ganz eigene, selbstbestimmte Lebenswege gehen und nicht nur die von Männern für sie vorgesehenen.

»Man ist nicht als Frau geboren,
man wird es.«

KRITISCHE REAKTIONEN

Das andere Geschlecht rief äußerst positive wie negative Reaktionen hervor. Viele sahen in dem Buch eine Bedrohung traditioneller gesellschaftlicher Werte, daher wurde es von der katholischen Kirche verboten. Doch das öffentliche Interesse war groß: Allein in der ersten Woche nach Veröffentlichung wurden in Frankreich 22 000 Exemplare verkauft. Heute gilt es als ein Hauptwerk feministischer Theorien und dient vielen als Inspiration, sich für den Feminismus zu engagieren.

MACHT

Der französische Historiker, Psychologe und Philosoph Michel Foucault interessierte sich besonders für die Beziehung zwischen Macht und Wissen. In den 1960er- und 1970er-Jahren untersuchte er in einer Reihe von Büchern, wie Macht in unterschiedlichen Institutionen und Gesellschaftsbereichen wirkt. Foucault setzte sich für zahlreiche Anliegen der Linken ein und glaubte, dass viele Konzepte, die allgemein als naturgegeben oder wissenschaftlich gelten, eigentlich Konstrukte der Gesellschaft sind, darunter eine bestimmte Vorstellung von Sexualität und die Grenze zwischen geistiger Gesundheit und Wahnsinn.

WER WAR MICHEL FOUCAULT?

Foucault wurde 1926 als Sohn eines Chirurgen in Poitiers, Frankreich, geboren. In der Hoffnung, dass auch er Arzt werden würde, schickte ihn seine Familie auf Eliteschulen. Doch Foucault studierte Psychologie und Philosophie an der bekannten École Normale Supérieure (ENS) in Paris, wo er als wilder, aber brillanter Student galt. An der ENS lehrte er Psychologie, bevor er Stellen in Schweden, Westdeutschland und Polen antrat. In den 1960er-Jahren veröffentlichte er einige seiner bekanntesten Werke, darunter *Wahnsinn und Gesellschaft, Die Ordnung der Dinge* und *Archäologie des Wissens*. In dieser Zeit verbrachte er auch vier Jahre in Tunesien. 1970 erhielt Foucault einen Ruf an das renommierte Collège de France. Er bereiste weiterhin die Welt und hielt Gastvorträge, bis er 1984 in Paris an den Folgen einer HIV-Infektion (Aids) starb.

»Macht ist nicht so sehr etwas, was jemand besitzt, sondern vielmehr etwas, was sich entfaltet.«

MACHT-WISSEN-KOMPLEX

Foucault zufolge findet sich Macht nicht nur in Regierungen oder Vorstandsetagen, sondern überall in der Gesellschaft. Sie werde immer von Wissen begleitet, das Macht unterstütze. In Foucaults Augen sind Macht und Wissen so eng miteinander verbunden, dass er den Begriff *savoir-pouvoir* (Macht-Wissen-Komplex) schuf. Wissen trage dazu bei, die Macht bestimmter Gruppen auszubauen, während die anderer geschwächt werde. Besonders interessierte sich Foucault dafür, wie Institutionen Macht einsetzen, um durch Beeinflussung des Denkens Kontrolle über den menschlichen Körper zu erlangen.

GEFÄNGNISSE UND PSYCHIATRIEN

Foucault vertrat die Meinung, dass Gefängnisse und psychiatrische Anstalten Ausdruck eines weniger humanen Umgangs mit den Menschen sind. Früher seien die meisten kriminellen und psychisch kranken Menschen Teil der Gesellschaft geblieben, während sie in Gefängnissen und Anstalten weggesperrt würden.

ÜBERWACHEN UND STRAFEN

Für Foucault sind Gefängnisse, Schulen, Fabriken, Krankenhäuser und andere Institutionen Orte, an denen soziale Kontrolle durch neue Machtmechanismen ausgeübt wird: Überwachen und Strafen. Im Gegensatz zu früher, als Gewalt angewandt wurde, wirke die Macht nun subtil: Sie gibt vor, wer wann wo zu sein hat und was er machen soll. Außerdem werden die Menschen konstant beobachtet und bewertet. Dazu gehört auch, dass bestimmte Verhaltensweisen gefördert werden, damit Menschen auf die gewünschte Art und Weise denken und handeln.

ARCHÄOLOGIE DES WISSENS

Foucault interessierte sich für Diskurse (wie wir über Dinge sprechen und denken) und war der Meinung, dass sie im Lauf der Geschichte von unausgesprochenen zur jeweiligen Zeit geltenden Regeln und Annahmen der Gesellschaft beeinflusst wurden. Man könne im heutigen Diskurs nicht über Begriffe wie »menschliche Natur« oder »Freiheit« nachdenken und voraussetzen, dass sie eine feste Bedeutung haben, die heute noch der aus früheren Zeiten entspricht. Nach Foucault bedarf es einer Archäologie des Wissens, die die Regeln und Annahmen früherer Diskurse freilegt.

DEKONSTRUKTION

Nur wenige moderne Denker stießen andere so vor den Kopf wie der französisch-algerische Philosoph Jacques Élie Derrida. In seinem gleichermaßen gelobten wie kritisierten Werk focht er viele Thesen der westlichen Philosophie an. Er ist Begründer der Philosophie der Dekonstruktion, die Ideengefüge auflöst, um verborgene Bedeutungen, Probleme und Widersprüche aufzudecken. Laut Derrida beinhalten Wörter und Redensarten über Jahrhunderte aufgebaute Bedeutungsschichten, die es auseinanderzunehmen, zu untersuchen und in Frage zu stellen gilt. Die Dekonstruktion zeigt, dass die Bedeutung der Dinge nicht immer so eindeutig und klar ist wie gedacht.

WER WAR JACQUES DERRIDA?

Jacques Derrida (1930–2004) wurde in der algerischen Stadt El Biar geboren. Während des Zweiten Weltkriegs durfte er verschiedene Schulen nicht besuchen, weil er Jude war. Eine Zeit lang wollte er Profifußballer werden, entschied sich jedoch mit 19 für ein Philosophiestudium. Er zog nach Frankreich und bewarb sich an verschiedenen Eliteuniversitäten. Dank seiner Hartnäckigkeit wurde er schließlich an der École Normale Supérieure (ENS) angenommen. Nach einem Jahr an der Harvard University und seinem Militärdienst in Algerien kehrte er an die ENS zurück und lehrte dort 20 Jahre lang Philosophie. Seine Vorlesungen waren bei den Studierenden äußerst beliebt. Derrida war ein produktiver Autor, der allein 1967 drei neue Bücher veröffentlichte.

EIN WICHTIGES JAHR

Sein Durchbruch gelang Derrida 1967 mit drei Büchern: *L'écriture et la différence (Die Schrift und die Differenz), La voix et le phénomène (Die Stimme und das Phänomen)* und *De la grammatologie (Grammatologie).* In ihnen legt er dar, dass die traditionelle westliche Philosophie im Wesentlichen auf Gegensatzpaaren basiere, wobei jeweils einem Konzept mehr Wert zugesprochen werde als dem anderen. So übertrumpfe z. B. der Geist den Körper oder der Verstand die Gefühle. Derrida zufolge müssen diese Gegensatzpaare dekonstruiert werden: Das bedeutet, dass man sich nicht einfach für eine Seite entscheidet, sondern die Gegensätze überhaupt in Frage stellt und vielmehr die Verbindung beider Konzepte zu verstehen versucht.

»Was man nicht sagen kann, soll man vor allem nicht verschweigen, sondern schreiben.«

DIFFÉRANCE

Das Wort *différance* ist ein von Derrida neu geschaffener Begriff, ein Wortspiel mit den zwei Bedeutungen des französischen Worts *différer* (unterscheiden/verschieben). Derrida bezieht dieses Wort auf unsere Sprache. Jedes Wort hat seine Bedeutung nur im Unterschied zu anderen Wörtern. Um zu erklären, was ein Wort bedeutet, muss man wieder Wörter benutzen. Da also die Bedeutung eines Worts von der Bedeutung aller anderen Wörter abhänge, erschließe sich uns nie der komplette Sinn eines Texts. Außerdem könne Bedeutung sich verschieben, da sie davon abhänge, was als Nächstes gesagt wird und dies wiederum davon abhänge, was danach gesagt wird und so weiter.

AUSWIRKUNG UND EINFLUSS

Derridas Arbeit wurde scharf kritisiert. Im Jahr 1992 unterzeichneten 18 Philosophen ein gemeinsames Schreiben, um gegen Derridas Ehrendoktorwürde an der Cambridge University zu protestieren. Obwohl Derridas Texte teils schwer zu verstehen waren, beeinflussten sie nicht nur die Philosophie, sondern auch Literaturwissenschaft, Kunst und Architektur. Anhänger des architektonischen Dekonstruktivismus wie Peter Eisenman, Zaha Hadid und Frank Gehry zerlegten traditionelle architektonische Grundsätze wie Symmetrie oder den Gebrauch rechter Winkel. Sie entwarfen eindrucksvolle Gebäude, die nicht den herkömmlichen Gestaltungsregeln entsprachen.

GESCHLECHT

Jahrhundertelang wurde Geschlecht definiert, indem der Mensch in zwei Kategorien aufgeteilt wurde: männlich und weiblich. Judith Butler, eine zeitgenössische amerikanische Philosophin, stellt dieses zweigeschlechtliche Denken in Frage. In ihrem wegweisenden Buch *Das Unbehagen der Geschlechter* (1990) vertritt Butler die Meinung, dass Geschlecht keine naturgegebene Kategorie ist, die von Geburt an feststeht. Ihre Arbeit wurde kontrovers diskutiert, inspirierte aber auch den Feminismus und die Gender Studies (Geschlechterforschung). Der US-Philosophieprofessor Jay Bernstein bezeichnet sie als »eine der beharrlichsten, faszinierendsten und einflussreichsten Denkerinnen unserer Zeit«.

»Hinter den Äußerungen der Geschlechtsidentität liegt keine geschlechtlich bestimmte Identität.«

WER IST JUDITH BUTLER?

Judith Pamela Butler wurde 1956 geboren. Ihr Vater war Zahnarzt, ihre Mutter besaß eine kleine Kinokette. Während ihrer Kindheit in Cleveland, Ohio, weckten wöchentliche Gespräche mit dem Rabbi ihr Interesse für Philosophie. Nach ihrem Studium am Bennington College und der Yale University lehrte sie an verschiedenen US-Universitäten Philosophie und schrieb Essays über Simone de Beauvoir und Michel Foucault. Im Jahr 1993 ging sie an die University of California, Berkeley, wo auch ihre Lebenspartnerin, die Politologin Wendy Brown, lehrt. Es folgten eine Reihe von Büchern, darunter *Körper von Gewicht* (1993), *Hass spricht* (1997) und *Die Macht der Geschlechternormen und die Grenzen des Menschlichen* (2004). Im Jahr 2007 wurde Butler in die American Philosophical Society und 2015 in die British Academy aufgenommen.

KRITIK AN EINEM NORMATIVEN GESCHLECHT

1990 veröffentlichte Butler ihr bekanntestes Werk, *Das Unbehagen der Geschlechter.* Darin argumentiert sie, dass die Geschlechtereinteilung in männlich und weiblich nicht auf biologischen Tatsachen oder einer inneren Bestimmung der Personen basiere. Vielmehr sei sie sozial konstruiert, das heißt, die Einteilung passiere durch erlerntes Verhalten, um gesellschaftlichen Normen zu entsprechen, also den Vorstellungen davon, wie sich Männer und Frauen zu verhalten und zu kleiden haben.

GEWALTLOSIGKEIT

Butler beschäftigt sich nicht nur mit Geschlechtsidentität und Feminismus. In ihrem Buch *Die Macht der Gewaltlosigkeit. Das Ethische im Politischen* (2020) setzt sie sich mit der Idee von »radikaler Gleichheit« auseinander und erklärt Gewaltlosigkeit zu einem ethischen Ziel. Butler zufolge behandeln Menschen ihre Mitmenschen anders, wenn sie sich selbst nicht nur als Individuen, sondern auch als soziale Wesen sehen, die dauerhaft von anderen abhängen.

GENDER-PERFORMATIVITÄT

Butler zufolge entsteht Geschlecht dadurch, dass Menschen bestimmte, der gesellschaftlichen Norm entsprechende Handlungen und Verhaltensweisen wiederholen. Geschlecht ist daher für sie »performativ«, das heißt, es wird erst durch seinen praktischen Vollzug geschaffen. Eine traditionelle Vorstellung von Geschlecht würde sagen, dass Frauen sich auf eine bestimmte Weise verhalten oder kleiden, eben weil sie Frauen sind. Aber nach Butler ist es genau andersherum: Erst wenn Menschen sich auf eine bestimmte gesellschaftlich erwartete Weise verhalten oder kleiden, legt das ihr Geschlecht fest. Anders ausgedrückt: Geschlecht ist etwas, das man tut, nicht etwas, das man ist.

KRIEG UND TRAUER

In ihrem Buch aus dem Jahr 2009, *Raster des Krieges. Warum wir nicht jedes Leid beklagen*, geht Butler der Frage nach, wie Regierungen Bürger beeinflussen, um die Notwendigkeit von Krieg zu begründen oder seine Akzeptanz zu erhöhen. Diese Beeinflussung führe dazu, dass die Bürger eines Landes das Leben bestimmter Gruppen als weniger schützenswert und ihren Tod als weniger bedauernswert erachten als den anderer.

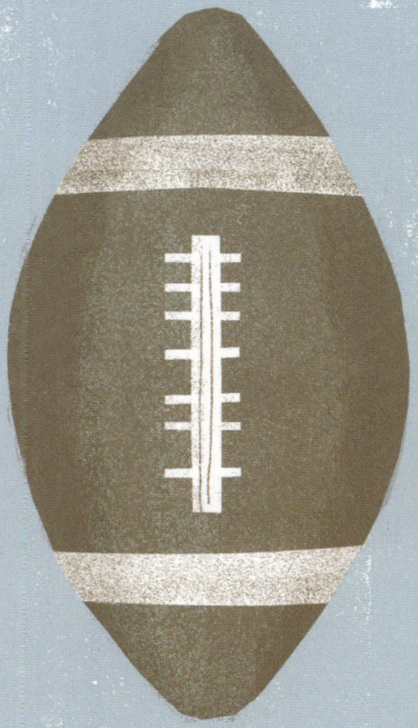

DIE ZUKUNFT DER PHILOSOPHIE

Seit die Menschen damit begannen, Fragen über die Welt zu stellen, befindet sich die Philosophie in stetigem Wandel und Wachstum. Vielleicht werden zukünftige Denker neue, spannende Erkenntnisse aus alten philosophischen Werken gewinnen. Andere werden völlig neue Theorien oder Untersuchungsmethoden entwickeln und Philosophie auf neue Bereiche anwenden. Keiner weiß, was die Zukunft bringt, doch auch in den kommenden Jahrhunderten werden Philosophen Fragen stellen, nachdenken und analysieren.

»Es ist gut möglich, dass die größten und bedeutendsten Fortschritte in der Philosophie noch vor uns liegen.«

– Bryan Magee, britischer Philosoph

»Ein Zugang zum Verständnis von Philosophie ist wesentlich für die Fähigkeit, kritisch und kreativ zu denken; Schüler sollten wissen, dass es entscheidend ist, die richtigen Fragen über die Zukunft zu stellen.«

– Dr. Charlotte Blease, Dublin Institute of Advanced Studies

»Gegenüber einem jüngeren Menschen kann man sich unsicher fühlen. Wie wollen wir denn wissen, ob er uns nicht in Zukunft übertreffen wird.« – Konfuzius

FORTSCHRITTE DER WISSENSCHAFT

Zukünftige Durchbrüche in Wissenschaft und Technik, etwa in der Neurowissenschaft, Nanotechnologie, Astronomie und Teilchenphysik, werden der Philosophie völlig neue Forschungsgebiete bescheren. Vielleicht liefern sie uns Antworten auf uralte Fragen über die Seele oder das Universum. Doch gleichzeitig werden sie auch zu neuen Fragen führen.

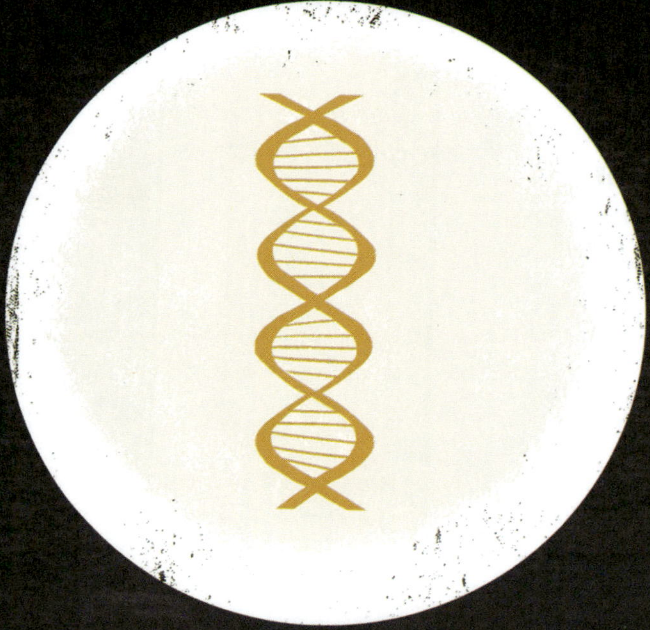

MEDIZINETHIK

Fortschritte in Medizin und Biowissenschaft werden uns vor neue ethische Dilemmata und philosophische Fragen stellen. Welche Probleme würden z. B. auftauchen, wenn die Wissenschaft in der Lage wäre, Menschen zu klonen oder sie genetisch zu verändern? Was wäre, wenn unsere Lebenszeit verdoppelt werden könnte? Und wie würde sich eine teilweise und vollständige Gehirntransplantation auf das Bewusstsein und die Identität eines Menschen auswirken?

POLITISCHE PHILOSOPHIE

In einer globalisierten Welt verändert sich auch die Politik. Vielleicht werden einige dieser Veränderungen von philosophischen Ideen zu einem harmonischeren Zusammenleben auf unserem Planeten inspiriert sein. Die zukünftige Politik wird vielleicht unter dem Einfluss von bislang noch gar nicht existierenden Ideen oder aber solchen zeitgenössischer oder historischer Philosophen stehen. Karl Marx etwa schrieb seine Theorie über den Marxismus im 19. Jahrhundert, doch erst ein Jahrhundert später wurde versucht, sie umzusetzen.

EINE VERBUNDENE WELT

Vor Jahrtausenden teilten Philosophen ihre Ideen einem Gesprächspartner oder kleinen Gruppen mündlich mit. Heute kann man auf elektronischem Weg innerhalb von Sekunden Millionen von Menschen erreichen. Das Internet und die sozialen Medien ermöglichen es Denkern, ihre Arbeit in Echtzeit zu veröffentlichen. Doch stellen sich in einer digitalen Welt auch Fragen nach Privatsphäre, Freiheit und dem Denken über uns selbst und andere.

PHILOSOPHIE UND KI

Forschungsteams im Bereich der Künstlichen Intelligenz (KI) werden irgendwann vielleicht Roboter und Computer entwickeln, die eigenständig denken können. Was bedeutet dies für die Gesellschaft und unsere Theorien über Wissen und Verstand? Werden diese denkenden Maschinen ein voll entwickeltes Ich-Bewusstsein haben? Werden wir ethische und moralische Konzepte auf sie anwenden können? Eine Neudefinition von Intelligenz und Bewusstsein wird wahrscheinlich eine von vielen Aufgaben der Philosophie der Zukunft sein.

GLOSSAR

Aberglaube: Überzeugungen, die nicht auf menschlichem Verstand oder wissenschaftlichen Erkenntnissen basieren, sondern auf althergebrachten Ideen aus dem Bereich der Magie (S. 4).

Aids: Krankheit, die durch eine Infektion mit dem HI-Virus ausgelöst wird und das Immunsystem zerstört (S. 54).

Aktivist: Person, die sich für soziale oder politische Veränderungen einsetzt (S. 39/48).

Anarchismus: Ansicht, dass Gesetzgebung und Machtausübung von Regierungen durch die freiwillige Zusammenarbeit von Menschen ersetzt werden soll (S. 38/41).

Ästhetik: philosophische Disziplin, die sich mit der Natur von Kunst und Schönheit beschäftigt (S. 5).

Banal: gewöhnlich, alltäglich (S. 51).

Binäre Zahl: Zahl in einem Zahlensystem (Zweier- oder Binärsystem), das zur Darstellung von Zahlen nur zwei verschiedene Ziffern benutzt, meist 0 und 1 (S. 32).

Böse: unmoralisch oder schlecht (S. 19/50)

Bourgeoisie: die Klasse, die die Produktionsmittel in einem kapitalistischen System besitzt (S. 43).

Buddhismus: Religion, die besagt, dass das Leid ein Ende hat, wenn man seine Begierden aufgibt (S. 6).

Demokratie: Regierungssystem, bei dem die Macht von der gesamten Bevölkerung ausgeht, meist durch von allen gewählte Repräsentanten (S. 15).

Empirismus: Ansicht, dass praktische Erfahrung und Experimente die Grundlage von Wissen sein sollten (S. 31).

Erkenntnistheorie: philosophische Disziplin, die untersucht, was Wissen eigentlich ist (S. 5).

Erleuchtung: spiritueller Zustand, in dem alles verstanden wird und in dem es kein Leid und keine Begierde gibt (S. 6).

Ethik: philosophische Disziplin, die sich mit dem menschlichen Handeln und moralischen Urteilen beschäftigt (S. 5).

Existenzialismus: Philosophie, die die Wichtigkeit der menschlichen Erfahrung und die absolute Freiheit jeder Person betont (S. 48).

Feminismus: Überzeugung, dass Frauen und Männer dieselben Rechte und Chancen haben sollten, und der politische Einsatz dafür (S. 38).

Französische Revolution: Aufstand in Frankreich gegen die Monarchie von 1789, der dazu führte, dass Frankreich eine Republik wurde (S. 41).

Freier Wille: Möglichkeit, ohne Beeinflussung von außen handeln und entscheiden zu können (S. 18).

(Soziales) Geschlecht: Unterteilung der Menschen in Geschlechter, meist männlich und weiblich, weniger anhand der Biologie und mehr anhand gesellschaftlicher Maßstäbe und Werte (S. 58).

Glaube: starke, unerschütterliche Überzeugung, die keinen Beweis braucht (S. 22).

Gleichberechtigung: Wenn alle Menschen die gleichen Rechte und Chancen haben, unabhängig zum Beispiel von ihrer Herkunft oder ihrem Geschlecht (S. 52).

Guerillakrieg: kleine, mobile Gruppen von Kämpfern verüben in ihrem Land gegen eine fremde Armee unerwartete Anschläge und ziehen sich danach blitzschnell zurück (S. 11).

HIV: Virus, das zu der Krankheit Aids führen kann (S. 54).

Hypothese: mögliche Erklärung für eine Situation oder einen Zustand, deren Richtigkeit noch bewiesen werden muss (S. 27).

Idealismus: Überzeugung, dass unsere Ideen und Vorstellung die Wirklichkeit bestimmen (S. 45).

Infinitesimalrechnung: Bereich der Mathematik, der mathematische Modelle entwirft, die mit enormen Größenunterschieden arbeiten (S. 33).

Kapitalismus: Wirtschafts- und Politiksystem, in dem sich Land, Gewerbe und Industrie im Besitz von Privatpersonen, nicht des Staats befinden (S. 42).

Kategorischer Imperativ: bedingungslose moralische Verpflichtung, die unter allen Umständen gilt, unabhängig vom Gefühlszustand oder von den Absichten einer Person (S. 37).

Kollektivbesitz: Land, Gewerbe und Industrie befinden sich im Besitz der Gemeinschaft (S. 43).

Kolonialismus: Politik eines Lands mit dem Ziel, Kontrolle über ein anderes Land auszuüben und dessen Ressourcen auszubeuten, um seine Macht und seinen Reichtum weiter auszubauen (S. 44).

Kommunismus: Idee, dass alle Menschen gleich sind und dass Arbeiter die Kontrolle über die Produktionsmittel haben sollten (S. 42).

Konfuzianismus: ethische Lehren des Konfuzius, die die Zuwendung zu Eltern, Familie und Freunden sowie die Weiterentwicklung des Geistes und der Selbstkontrolle fordern (S. 8).

Logik: philosophische Disziplin, die sich mit guter Denkfähigkeit und Beweisführung befasst (S. 5).

Marxismus: Philosophie, die eine revolutionäre Umgestaltung der Klassengesellschaft in eine klassenlose Gesellschaft zum Ziel hat (S. 42).

Meditation: Konzentrationsübungen, um den Geist zu beruhigen und die Gedanken zu sammeln (S. 6).

Metaphysik: philosophische Disziplin, die sich damit beschäftigt, was existiert und was Wirklichkeit ist und bedeutet (S. 5).

Nebulae: große Gas- und Staubwolken im Weltall (S. 38).

Neokonfuzianismus: aus dem Konfuzianismus in China entstandene Philosophie, die die Ideen des Daoismus und des Buddhismus einbezieht (S. 20).

Orakel: Priester im alten Griechenland, die Aussagen über die Zukunft oder die Wahrheit machen (S. 13).

Philosophie: Studium oder Erstellen von Theorien über Grundlegendes wie die Natur unserer Existenz, des Wissens oder Denkens sowie darüber, wie der Mensch leben sollte (S. 4).

Prinzip: fundamentale Wahrheit oder Aussage, die als Grundlage für ein Glaubenssystem oder einen Verhaltenskodex dient (S. 20).

Proletariat: Klasse der Arbeiter in einem kapitalistischen System, die keine Produktionsmittel besitzen (S. 43).

Prophezeiung: Aussage über zukünftige Geschehnisse, die nicht auf Fakten, sondern eher bestimmten Überzeugungen basiert (S. 13).

Rationalismus: philosophische Strömung, nach der Handlungen und Meinungen auf Vernunft und nicht auf Gefühlen oder Religion basieren (S. 28).

Rebellion: Widerstand gegen Autoritäten, Regeln oder übliche Verhaltensnormen (S. 42).

Religion: Glaube an Gott oder Götter sowie die mit diesem Glauben verbundenen Handlungen, z. B. Beten (S. 4).

revolutionär: völlig neu oder andersartig (S. 4).

Skeptiker: Person, die den Wahrheitsgehalt oder den Wert einer Idee anzweifelt (S. 41).

Syllogismus: logischer Prozess, in dem zwei allgemeine Aussagen zu einer spezifischen Schlussfolgerung führen (S. 17).

Totalitarismus: Herrschaftsform, in der es nur eine politische Partei und keine Opposition gibt und in der alle staatlichen und gesellschaftlichen Bereiche durch diese kontrolliert werden (S. 50).

Tugend: gute und vorbildliche Eigenschaft oder Haltung (S. 8).

Überwachen: Akt des Beobachtens einer Person oder eines Orts (S. 55).

Utilitarismus: Denksystem, in dem Handlungen und Entscheidungen das Ziel haben, möglichst vielen Menschen möglichst viele Vorteile zu verschaffen (S. 47).

Wahrheit: wenn eine Aussage oder eine Tatsache mit der Wirklichkeit übereinstimmt (S. 12).

Wohlwollend: wenn jemand guten Willen zeigt und nett ist (S. 9).

Wunderkind: junger Mensch, der in bestimmten Bereichen eine große natürliche Begabung zeigt (S. 20).

Ziviler Ungehorsam: wenn Bürger sich weigern, Gesetze zu befolgen, um gegen etwas zu protestieren (S. 49).

1. Auflage 2022
Die großen Philosophinnen und Philosophen

The Original Title: *Words that Changed the World: Great Philosophers*

Entwickelt von Lucky Cat Publishing
Text von Clive Gifford
Illustrationen © Sam Kalda 2021
Design von Joe Hales
Ediert von Jenny Broom

Printed in China
ISBN 978-3-458-17972-6

Eine Liste aller Zitate finden Sie auf unserer Webseite unter
https://www.insel-verlag.de/grosse-philosophinnen.

Klimaneutral
Druckprodukt
ClimatePartner.com/14438-2107-1001